영어회화의 신

IMAGE MAKING ENGLISH

이미지 메이킹 잉글리시 Q

전치사 1

영어회화의 신 **이미지 메이킹 잉글리시 Q - 전치사 I**

발행일	2016년 9월 30일

지은이	김 명 기		
펴낸이	손 형 국		
펴낸곳	(주)북랩		
편집인	선일영	편집	이종무, 권유선, 김예지
디자인	이현수, 한수희, 윤미리내	제작	박기성, 황동현, 구성우
마케팅	김회란, 박진관, 오선아		
출판등록	2004. 12. 1(제2012-000051호)		
주소	서울시 금천구 가산디지털 1로 168, 우림라이온스밸리 B동 B113, 114호		
홈페이지	www.book.co.kr		
전화번호	(02)2026-5777	팩스	(02)2026-5747

ISBN	979-11-5987-168-9 04740(종이책)	979-11-5987-169-6 05740(전자책)
	979-11-5987-167-2 04740(세트)	

(주)북랩 성공출판의 파트너

북랩 홈페이지와 패밀리 사이트에서 다양한 출판 솔루션을 만나 보세요!
홈페이지 book.co.kr   1인출판 플랫폼 해피소드 happisode.kr
블로그 blog.naver.com/essaybook 원고모집 book@book.co.kr

원어민과 영어고수들이 인정하는 과학적 학습법의 비밀

막강한 영어 질문으로
회화 능력을 업그레이드한다!

영어회화의 신
IMAGE MAKING ENGLISH

이미지 메이킹 잉글리시 Q

전치사 1

김명기 지음

북랩 book Lab

이미지 메이킹이란 뇌 속에 특정 언어체계가 자리 잡은 사람(성인)이 외국어를 공부할 때, 모국어에 의한 1차적 판단이나 해석의 개입을 차단하기 위해 모국어 해석 대신 그림이나 머릿속에 그려지는 동영상을 이용해 외국어를 학습하는 방법이다. 즉, 우리 모국어(한글) 해석을 최대한 사용하지 않고 오로지 영어와 그림만으로 영어를 학습하는 것을 말한다. 외국어를 잘하는 사람들 대부분은 자신도 모르게 이러한 이미지 메이킹 학습법을 이용했다고 할 수 있다. 이 방법은 영어뿐만 아니라 다른 외국어를 학습할 때도 굉장히 유용한 방식이며, 어쩌면 외국어를 학습하는 최고의 효과를 가진 방법이라고 할 수 있을 것이다.

고도로 치밀하게 계획된 이미지 메이킹용 학습자료

이 책에 실린 이미지 메이킹용 학습 자료들은 단순해 보이지만 해석 없이 영어를 이해할 수 있도록 고도로 치밀하게 고안된 것들이다. 기존의 어떤 그림 자료와 비교해도 이처럼 치밀하게 계획된 그림 자료를 볼 수 없을 정도로 짜임새가 탄탄한 그림 자료들이다. 이런 자료를 통해 영어를 이미지화함으로써 해석을 하던 기존의 잘못된 습관을 없앨 수 있다. 한글의 간섭 없이 영어를 공부하는 방법과 이론에 대해서는 이미 시리즈 1권에서 다루었으므로 이 책을 통해서 영어 학습을 하기 전에 반드시 '이미지 메이 킹 잉글리시 Q - 이론편'을 읽고 숙지해 주기 바란다.

영어회화의 핵심 '질문' - 모든 문장의 상황에 막강한 질문 추가

전치사 1, 2편에 있는 1,400여 문장에는 상황에 따른 질문이 들어가 있 다. 영어로 대화를 하는 데 있어서 답변보다는 질문이 훨씬 더 유용하게 사용된다. 하지만 각 상황마다 적절한 영어 질문을 찾기란 상당히 어렵다. 이 책은 세계 최고 수준의 다양한 영어 질문을 가지고 있으며 학습자는 표제 문장뿐만 아니라 각 상황을 물어보는 질문을 통해 막강한 영어회화 실력을 갖출 수 있도록 구성 되어 있다.

전치사로 영어의 흐름 잡기

　이미지 메이킹을 시작하는 훈련서로 전치사를 먼저 선택한 이유는 전치사의 역할이 매우 중요한데도 대부분의 사람들이 제대로 사용할 줄 모르기 때문이다. 전치사를 한마디로 표현하면, 우리의 조직과 뼈를 연결하는 힘줄과도 같다고 할 수 있다. 동작이 이루어지는 원리를 알기 위해서는 근육과 힘줄이 어떻게 뼈를 움직이는지를 잘 알아야 한다. 이렇듯, 영어문장 안에서도 그 문장이 어떻게 구성되고, 힘줄과도 같은 전치사들이 문장 안에서 단어들과 연결되어 그것들을 어떻게 움직이는지, 어떤 의미를 가지게 되는지를 알기 위한 전무후무한 최고의 학습서라고 할 수 있다.

전치사는 다양한 해석을 알고 있다고 해서 해결되지 않는다

　전치사의 원리를 제대로 파악하려면 해석만으로는 어렵다. 지금까지 해석을 통해 전치사를 알아왔기 때문에 전치사를 제대로 사용하지 못하는 늪에 빠지게 된 것이다. 한 전치사가 가지고 있는 여러 가지 의미만을 알고 있다고 가정해 보자. 문장 안에서 그 전치사를 봤을 때 그 전치사가 어

떤 의미로 사용이 되었는지를 자신이 알고 있는 해석들 속에서 열심히 찾
으려고 할 것이다. 시간이 넉넉하다면 뜻을 하나하나 대입해 가면서 가장
잘 어울리는 해석으로 맞추어 볼 수도 있을 것이다. 하지만 영어를 듣고
말하는 상황에서는 그럴 시간이 없다. 그래서 해석으로 전치사를 대하면,
그 이상을 알지 못하게 되며 전치사를 제대로 사용하는 것은 더 불가능하
게 된다.

　단어는 단어일 뿐이지 스스로 문장으로 발전하지 못한다. 단어를 문장
으로 발전시키는 것은 바로 문장에 대한 폭넓은 경험이다. 이 책의 자료를
통해서 우리는 전치사가 가진 다양한 의미들과 그 속에서 미묘하게 변화
해가는 전치사의 쓰임을 한 눈에 살펴 볼 수 있게 된다.

15년 동안 수많은 학습자들에게 검증받은 변함없는 최고의 학습
법, 학습자들의 감탄을 자아내는 이미지 자료들

　'이미지 메이킹 잉글리시'라는 이름으로 책이 나온 지 15년이 지났다. 처
음 나왔을 때 '베스트셀러'가 되었고, 일본을 비롯해 5개국으로 러브콜을
받아 해외 출판되었다. 그 이후로도 '스테디셀러'를 하면서 많은 영어 학습

자들의 사랑을 받아 왔다.

'이미지 메이킹 잉글리시'에 사용되는 그림 자료들은 학습자들에게 '그림의 구성이 너무 치밀하게 계획된 것을 느낄 때마다 소름이 끼칠 정도'라는 극찬을 받아 왔다. 원어민과 유학파들에게 오히려 더 많이 인정을 받은 학습법, 영어를 가르치는 사람들에게 더 인기가 있었던 학습법이 이번에 다시 새로운 모습으로 나오게 되었다.

이 책을 시작하려는 학습자들에게…

어떤 사람들은 이 책에서 다루고 있는 문장들이 너무 쉽다고 말한다. 초등학생이나 볼만한 책이라고 말하는 사람들도 있다. 하지만 그들에게 그림을 보여 주고 그 상황을 표현해 보라고 하면 대부분 그 쉬운 문장 하나도 제대로 말하지 못한다. 봐서 쉽게 이해할 수 있다고 해서 내가 아는 것이 아니다.

내가 안다고 한다면 적어도 내가 그 문장을 보지 않고 온전히 모든 단어를 구성해 말할 수 있어야 한다. 아무리 문장이 쉬워 보여도 내가 그 문장을 필요한 상황에서 표현할 수 없다면 그 문장을 안다고 할 수 없는 것이다. 그런데 사람들은 내가 보고 이해할 수 있으면 그것을 알고 있다고 잘못 생각한다.

　이렇듯 적지 않은 사람들이 기본적인 쉬운 문장도 모른 채 고급스러운 문장만 익히려고 한다. 산수를 하지 않고서는 미적분을 풀 수 없듯이 고급스러운 문장을 구사하기 위해서는 그보다 기본이 되는 더 쉬운 문장들을 익혀야 한다. '이미지 메이킹 잉글리시 Q' 그림 자료를 통해 공부하는 대부분의 사람들이 이 책에서 익혀지는 기본 문장으로 길러지는 자신의 문장력과 영어의 발전에 놀라워한다. 그 이유는 간단하다. 아무리 어려운 문장도 그 구조를 잘 살펴보면, 여러 개의 쉬운 기본 문장들이 합쳐진 형태이기 때문이다.

　'이미지 메이킹 잉글리시'는 절대로 단순 암기로 하는 것이 아니다. 연극 준비할 때 대본을 달달 외우기만 하는 것이 아닌 것처럼, '이미지 메이킹 잉글리시Q'도 상황을 머릿속에 반복적으로 떠올려가면서 이미지와 영어 문장에 익숙해져야 한다. 그리고 한 번씩 반복할 때마다 실제로 말하듯이 입으로 발음해 보는 것이 정말로 중요하다. 그래서 '이미지 메이킹 잉글리시 Q' 학습법에서는 영어발음 교정이 필수다. (영어발음 교정은 '영어발음의 신(新)'책을 참고)

　전치사 1, 2편에서 다루고 있는 문장은 약 1,400여 문장 정도다. 하지만

이 문장들이 파생적으로 만들어낼 수 있는 문장의 가능성은 몇 만 문장 이상이 될 것이다. 영어를 잘하는 방법은 기본 문장의 쓰임을 폭넓게 완성하는 것이다. 영어를 잘하게 될수록 기본문장의 중요성에 대해서 더 절실하게 느끼게 될 것이다.

2016년 9월

김명기

2016. 9. 3

Be on top with IMEQ

김 명기

전치사편
구성의 특징

특징 1 통문장이 아닌 문장을 이미지 단위(청크 단위)로 잘라서 학습

When do you go on a picnic?

We go　　　　**on a picnic**　　　　**in spring.**

>> Similar - We go on a picnic in the spring.

We go / on a picnic / in spring.

모든 영어 문장은 '이미지 단위' 즉 청크(chunk, 덩어리) 단위로 끊어서 학습한다. 우리가 영어를 사용할 때 전치사가 특히 어려운 이유는 단 한 가지다. 전치사와 연결되는 단어들을 따로 떨어뜨려서 받아들이기 때문이다. 예를 들어 'in the river'를 한 단어처럼(이미지 단위로) 받아들이면 오류가 없어진다. 그러나 우리는 대부분 'in / the / river = 전치사 / 정관사 / 명사' 이렇게 각각의 문법적인 요소로 나눠서 외우듯이 받아들이기 때문에 이 말을 다시 순서대로 조합하는 과정에서 오류가 생긴다. 처음부터 'in the river, in spring, on a picnic, we go' 등은 각각 하나의 단어처럼 익히는 것이 영어 문장력을 늘리는 데 가장 효과적이다.

특징 2 **해석을 사용하지 않고 느낌과 이미지로 영어표현을 받아들임**

문장의 정확한 이해를 돕는 치밀하게 계획된 이미지 그림 자료들

이 책에는 영어 문장 아래에 해석이 없다. (다만, 해석이 꼭 필요한 분들을 위해서 책의 맨 뒤에 해석을 볼 수 있도록 구성해 놓았다. 학습효과를 위해서는 해석은 가급적 보지 않는 것이 좋다) 그 대신 정밀하게 제작된 그림이 각각의 이미지 단위를 설명한다. 우리가 정확한 영어를 구사하지 못하고 자꾸 콩글리시를 만들어 내는 가장 큰 이유 중 하나가 '모국어에 의한 간섭' 현상 때문이다. 영어를 배울 때 우리나라 말로 해석하고, 우리나라 말에서 다시 영어로 변환하는 과정을 거치면서 영어에는 없는 이상한 표현을 만들어 내는 오류가 생긴다.

이 책에서는 이러한 모국어에 의한 간섭 현상을 최대한 없애기 위해서 해석을 사용하지 않고 우리가 한글을 처음 배울 때처럼 이미지를 이용해서 영어 문장의 각 부분을 정확히 설명했다.

특징 3 모든 문장에 최적화된 질문이 있고 각 상황의 질문에 답해 보면서 회화의 힘을 기른다

Q. Where do you put the blanket?

각 문장마다 그에 맞는 질문이 있어서 다양한 질문을 묻고 답하는 회화 연습을 할 수 있다.

이 책에 들어 있는 모든 상황의 문장들은 그에 맞는 질문이 하나씩 준비되어 있어 모든 문장에서 질문과 대화를 형성할 수 있는 능력을 자연스럽게 기르도록 구성되어 있다. 대화에 강해지려면 답변보다는 질문에 더 강해야 하는데 이 책에서 제시하는 타의 추종을 불허하는 다양한 질문들은 학습자들의 영어회화 능력을 기하급수적으로 업그레이드시킬 것이다.

특징 4 각 전치사마다 '전치사 미리보기 Tips'가 있어 전치사의 쓰임을 미리 숙지하고 더 익숙하게 학습할 수 있도록 구성

[사물, 사람 사이의 관계]를 나타내는 전치사 to
(a) I [부속, 관련, 관계] ~의, ~에(대한)

This is the top   to the box.

Tips! the top of the box 라고 할 수도 있지만 to 가 가지고 있는 관계의 의미를 활용해서 the top to the box 로 표현할 수 있다.

예시) This is the top to the bottle.   She is mother to the bride.   This is a key to the house.   I get married to him.

전치사의 쓰임을 미리 간단히 정리해 보는 '전치사 미리보기 *Tips!*'

본격적으로 전치사를 익히기 전에 '전치사 미리보기 Tips'에서 해당 전치사의 다양한 의미와 쓰임에 대해 미리 정리할 수 있다. 각각의 문장들에서 전치사가 어떤 의미와 용법으로 사용 되었는지를 쉽게 알 수 있도록 일목요연하게 정리해 놓았다. 미리 각 전치사의 개념을 잡고 들어가니 그림 자료들을 이해하는 데 훨씬 더 편하고 효과적이다.

특징 5 유사표현(similar), 반대표현(opposite), 일반적인 표현(common), 더 많이 사용하는 표현(more common), 덜 사용하는 표현(less common) 등이 세밀하게 분류

표현력을 풍부하게 해 주는 'similar, opposite, common, more common, less com-mon'은 유용하고 다양한 문장을 제시하는 것뿐만 아니라 그 문장과 비슷한 의미한 문장과 반대의 의미를 가진 문장을 넣어서 훨씬 더 많은 표현을 익힐 수 있도록 구성했다. 거기에다 어떤 문장이 더 많이 사용 되고(more common) 덜 사용되는지를(less common) 세밀하게 표시해서 원어민이 더 많이 자주 사용하는 표현을 한 눈에 알아 참고할 수 있도록 구성했다.

특징 6 설명이 필요한 부분에 'Tips' 적용

'*Tips!*'의 설명을 통해 우리나라 사람들이 이해하기 어려운 영어 표현이나 문화적인 차이를 설명하고 그림으로만 이해하기 어렵거나 혼동하기 쉬운 영어 표현들을 간단한 설명 'Tips'으로 추가해 더 명확하게 이해할 수 있도록 구성했다.

특징 7 질문 문장과 표제 문장 모두 원어민 음성 제공

MP3 파일 유형

1. 질문만 이어지는 음성파일
2. 질문과 IME 문장이 번갈아 나오는 음성파일
3. IME 문장만 나오는 음성파일

세 가지 버전의 MP3. 파일을 저자의 홈페이지(sendic.net) 필수자료실에서 무료로 다운받을 수 있다. 음원을 들으면서 정확한 발음을 확인하고, 소리 내어 말해 본다. 거꾸로 원어민 질문 음성을 들으면서 상황을 연상하면서 대답해 볼 수 있어 뛰어난 학습 효과를 올릴 수 있도록 했다.

특징 8 **일정한 난이도가 유지 되는 기본 문장으로 최고의 문장력을 기른다**

이 책은 처음부터 끝까지 문장의 난이도가 쉽게 유지되지만 문장을 익혀 가면서 학습자의 영어 실력은 기하급수적으로 발전하도록 구성되어 있다. 대부분의 회화 책들을 보면 처음에는 쉽지만 중간 이상 지나면 바로 어려워지고 문장들도 상당히 많이 길어진다. 이렇게 되면 책의 내용을 다 마치는 것도 어렵고 문장력을 효과적으로 꾸준히 습득하는 것도 어렵다.

처음부터 끝까지 문장이 쉬운 난이도를 유지하지만 그것을 토대로 해서 고급문장까지 제대로 형성할 수 있는 능력을 기를 수 있도록 구성되어 있는 것이 특징이다.

특징 9 '이미지 메이킹 잉글리시' 영어회화 훈련(플래시)

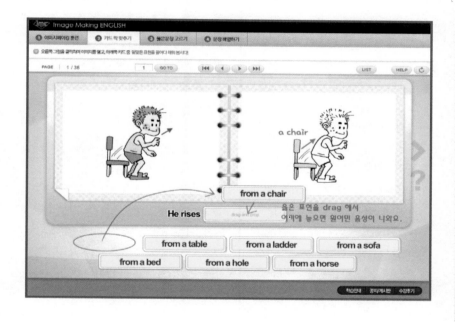

저자의 사이트인 'SENDIC.NET'에서는 플래시를 이용해 IME 전치사 훈련 자료(유료)를 4가지 방식의 유형으로 더욱 재미있고 실용적으로 학습하도록 구성되어 있는 자료를 만나 볼 수 있다.

학습 방법

1. '전치사 미리보기 Tips'를 통해서 전치사가 어떤 의미로 사용되는지 먼저 간단히 숙지한다.

2. 그림을 보고 그림이 어떤 상황을 나타내는지 파악한다.

3. 그림과 그 그림에 연결된 영어표현을 보면서 좀 더 정확한 의미를 형성한다.

4. 각 상황에 제시된 질문을 참고하면서 각 상황을 질문하는 방법을 익힌다.

5. 스스로 질문해 보고 제시된 문장으로 대답해 보면서 대화해 본다.

6. 'Similar, Opposite' 문장이 있으면 비교하면서 좀 더 많이 사용되는 문장을 위주로 바꿔서 연습해 본다.

7. 문장 전체를 다 외우려고 하지 말고, 문장의 각 잘라진 이미지 단위 표현들을 중심으로 그림과 매칭하면서 반복적으로 연습한다.

8. 그림을 보고 나서 영어 표현을 익히고 그 다음에는 반대로 영어 표현을 보면서 이미지를 떠 올리는 연습을 해 본다.

9. 충분한 학습이 이루어지면 원어민의 질문 음성을 들으면서 책을 참고해 각각의 상황마다 적절한 답변을 하는 연습을 하도록 한다.

10. 질문과 대답이 입을 통해서 자연스럽게 나올 수 있도록 꾸준히 반복해서 연습하도록 한다. 잘 알고 있는 것과 입을 통해서 바로 나올 수 있는 것은 다르기 때문에 언제라도 입에서 바로 나올 수 있도록 많이 반복해서 각 영어 문장이 익숙해지도록 실제 소리를 내어 읽어 보도록 한다.

CONTENTS

1. In

01 Preview tips - in   28

1. 공간적 의미(내부)를 나타내는 전치사 in
2. 시간적 의미를 나타내는 전치사 in
3. 상황(상태, 환경)을 나타내는 전치사 in
4. 착용을 나타내는 전치사 in
5. 소속(활동, 직업)을 나타내는 전치사 in

02 Practice – in   33

2. To

01 Preview tips - to   74

1. 공간적 의미(방향)를 나타내는 전치사 to
2. 한계(범위, 기간)의 끝을 나타내는 전치사 to
3. 도달점(범위, 한계)을 나타내는 전치사 to
4. 목적(의도)을 나타내는 전치사 to
5. 대면(대립)의 의미를 나타내는 전치사 to

11. Within

1. In

01 Preview tips - in

1. 공간적 의미(내부)를 나타내는 전치사 in

ⓐ [장소, 위치 등] ~에서, ~안(속)에

| I put | the money | in my pocket. |

예시 I live in Seoul. She is in the kitchen. I'm looking up a word in the dictionary.
The old man has a stick in his hand. There is a man with a cigarette in his mouth.

2. 시간적 의미를 나타내는 전치사 in

ⓐ [년도, 월, 계절, 때] ~에

| We go | on a picnic | in spring. |

예시 I was born in 1970. My birthday is in May. It's 5 o'clock in the morning.
It's 5 o'clock in the afternoon.

ⓑ ~동안에, ~(사이)에,

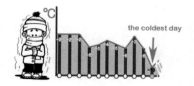

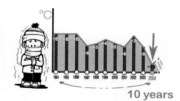

Today is the coldest day · in 10 years.

예시 The bus leaves in 10 minutes. He is in his teens. He is in his fifties.

ⓒ ~이 되는 시점에(~ 지나면)

I'll call you · in 3 hours.

In은 특정 기간을 나타내기도 하고 'in 3 hours' 처럼 일정 시간이 흐른 시점을 나타내기도 한다. 일반적으로 'in 3 hours'를 한국어로 '3시간 후에'라고 해석하기도 하지만 'after 3 hours'와 혼동될 수도 있으니 잘 이해해야 한다. 비교적 정확히 3시간이 되는 시점을 나타낼 때 'in 3 hours'를 쓰고 3시간이 초과되어 지날 때는 'after 3 hours'를 사용한다. 만약 지금부터 '3시간 이내'라고 하려면 'within 3 hours'라고 표현한다.

예시 I'll leave in a week. We'll meet in 3 months.

3. 상황(상태, 환경)을 나타내는 전치사 in

ⓐ [감정, 기분, 건강 등이] ~의 상태에(로)

He is

I can do it!

in good spirits.

예시 He is in low spirits. I'm in a good mood. She cries out in pain. They shout in excitement. He is in trouble.

ⓑ [줄을 서거나 정돈된 것이] ~의 상태로

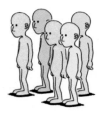

We stand

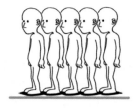

in a line.

예시 We sit in groups. We sit in a circle. The books are in good order. I put the books in alphabetical order.

ⓒ [공간, 환경이] ~속에서

We are walking

in the rain.

예시 We go out in the rain. We go out in the sun. He is writing a letter in the dark. I sit in the shade.

4. 착용을 나타내는 전치사 in

ⓐ ~를 입고(끼고, 신고)

She is

in red.

예시 She is in red. She is in red shoes. There is a girl in glasses. There is a man in a blue tie.

5. 소속(활동, 직업)을 나타내는 전치사 in

ⓐ ~하여, ~에 종사하여

I am

in construction.

예시 He is in class. He is in school. She is in business. He is in the army. He is in the tennis club.

02 Practice - in

1. Where do you live?

I live

in Seoul.

2. Where is he traveling?

He is traveling

in Korea.

3. Where are the kids playing?

The kids are playing

in the yard.

4. Where is she?

She is   **in the kitchen.**

---

5. Where is the student?

He is   **in class.**

Tips!   'He is in class'라고 하면 수업을 듣고 있다는 의미가 되고, 'in the class'라고 하면 학급이라는 의미가 되는 것에
주의합니다.

---

6. Where is she the tallest?

She is the tallest   **in the class.**

7. Where do you get in?

I get   **in the room.**

Similar   I go in the room.(more common) / I need to go into the room.(common) / I need to go in the room.

8. Where is he?

He is   **in school.**

Tips!   'He is in school'이라고 하면 학교에서 수업을 받고 있다는 의미가 되고, 'in the school'이라고 하면 학교 안에 있는 의미가 되는 것에 유의합니다.

9. Where do you get in?

I get   **in the car.**

10. What do you take her in?

I take her   in my car.

Tips!   take는 일반적으로 물건을 가지고 가거나 떼어서 가는 상황에 자주 쓰이지만 사람을 데리고 갈 때도 사용됩니다.

---

11. Where do you put your money?

I put   the money   in my pocket.

---

12. Where do you toss a stone?

I toss   a stone   in the fountain.

Similar   I throw a stone in the fountain.

13. What does the old man have in his hand?

The old man   **has a stick**   **in his hand.**

14. What kind of man is there?

There is a man   **with a cigarette**   **in his mouth.**

15. Where is your name?

I am   **in the phone book.**

Similar   My name is in the phone book.

16. Where are you looking up a word?

I'm looking up   **a word**   **in the dictionary.**

---

17. Where do you sit?

I sit   **in a chair.**

Similar   I sit on a chair.
Tips!   팔걸이 있을 때 'in a chair' 팔걸이 없을 때 'on a chair'로 표현하는 것이 일반적입니다.

---

18. Where do you sit?

I sit   **in the shade.**

19. Where do you sit?

I sit   in the sun.

20. What are you walking in?

We are walking   in the snow.

21. What are you walking in?

We are walking   in the rain.

22. Where is she?

She is   **in bed.**

---

23. Why is she in bed?

She is in bed   **with a cold.**

Similar　She is in the bed with a cold.

---

24. How is his health?

He is   **in good health.**

Similar　He is in good condition.

25. How is his health?

He is   **in bad health.**

Similar   He is in bad condition.

26. What color is she wearing?

She is   **in red.**

Similar   She is wearing red clothes.

27. What color slippers is she wearing?

She is   **in red slippers.**

Similar   She's the one in the red slippers.(more common) / She's wearing red slippers.

28. What color shoes is she wearing?

She is   **in red shoes.**

Similar   She's the one in the red shoes.(more common) / She's wearing red shoes.

29. What is she wearing?

She is   **in rags.**

Similar   She's the one in rags.(more common) / She's wearing rags.

30. What girl is there?

There is a girl   **in glasses.**

Similar   There is a girl in spectacles. / There is a girl with glasses.(more common)

31. What man is there?

There is a man   **in a blue tie.**

Similar   There is a man with a blue tie.

---

32. How many people in black are there?

There are 2 people   **in black.**

Similar   There are two people wearing black clothes.

---

33. How are you?

I'm   **in a hurry.**

Similar   I'm busy.

34. How is she?

She is   **in tears.**

Similar   She is crying.

35. Which eye is he blind in?

He is blind   **in the left eye.**

36. What does she do?

She is   **in business.**

37. How do you spend your free time?

I spend my free time   **in the sun reading books.**

38. How is she singing?

She is singing   **in a loud voice.**

Tips!   그림처럼 저렇게 소리를 크게 지르는 것을 나타낼 경우도 있지만 대부분 보통보다 더 크게 명료하게 소리를 내는 것을 'in a loud voice'라고 합니다.

39. How do you print the picture out?

I print the picture   **out**   **in colors.**

Similar   I print the picture out in color.
Opposite   I print the picture out in black and white.

40. What language do you write a letter in?

I write   **a letter**   **in English.**

---

41. What language is she speaking?

She is speaking   **in English.**

---

42. What are you doing with her?

I'm in conversation   **with her.**

Similar   I'm having a conversation with her.(more common) / I'm having a conversation with her in the room.

43. What is the width?

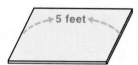 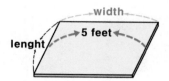

It's 5 feet **in width.**

Similar The width is 5 feet.

---

44. Where is he?

He is **in the army.**

Similar He is a soldier.

---

45. When do you go on a picnic?

We go **on a picnic** **in spring.**

Similar We go on a picnic in the spring.

46. When were you born?

I was born   **in 1970.(nineteen seventy)**

---

47. When is your birthday?

My birthday is   **in May.**

---

48. What time is it in the morning?

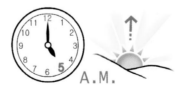

It's 5 o'clock   in the morning.

49. What time is it in the afternoon?

It's 5 o'clock　　　　　**in the afternoon.**

---

50. How old is he?

He is in his teens.　　/　　**He is in his fifties.**

Tips!　13부터 19까지 '-teen'이 붙기 때문에 'teenager'라고 하면 13~19세를 말합니다.

---

51. When does the bus leave?

The bus leaves　　　　**in 10 minutes.**

52. How do you stand?

We stand   **in a circle.**

Tips!   'in a line'은 'in line'으로 더 많이 사용 되기도 하지만 'in a circle'은 'in circle'로 사용하지는 않는 것을 잘 알아
두세요.

53. How do you stand?

 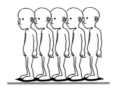

We stand   **in a line.**

Similar   We stand in line. (more common)

54. How do you sit?

We sit   **in groups.**

55. How do you sit?

We sit   **in a circle.**

56. When does she speak ill of you?

She speaks   **ill of me**   **in my absence.**

Similar   She spoke ill of me while I was gone.

57. Why do you shake hands?

We shake hands   **in farewell.**

Similar   We shake hands in order to say goodbye.

58. How do you cut an apple?

I cut   **an apple**   **in 2.**

Similar   I divide an apple in two.

59. How do you organize the books?

I put   **the books**   **in alphabetical order.**

60. How are the books?

The books are   **in good order.**

Opposite   The books are in wrong order.

61. How is he drawing the picture?

He is drawing   **in pencil.**

Similar   He is drawing with pencil.

62. What are you doing with a letter?

I'm writing   **a letter**   **in response to her letter.**

Similar   I'm writing a letter in answer to hers.

63. What is coming in?

The flight is   **coming in.**

Similar   The flight is landing.
Opposite   The flight is taking off.

64. Where is the mail?

The mail is   in.

Similar   The mail has arrived.(more common) / The mail is in the mailbox.

---

65. What season is in?

Winter is in.   /   Winter is over.

Similar   Winter has come.   *Similar*   Winter is gone. / Winter has gone.

---

66. Where do you put an ad?

I put an ad   in the newspaper.

Similar   I place an ad in the newspaper.
Tips!   'put an ad'는 '광고를 올리다'라는 의미로 쓰였는데, 여기서 'ad'는 'advertisement'를 의미합니다.

67. Where do you see her picture?

I see   her picture   in the newspaper.

68. How many characters are in the novel?

There are 3 characters   in this novel.

Similar   This novel has three characters.(less common)

69. Where do you see the sentence?

I see   the sentence   in the second chapter.

70. Where is your name?

김명기

My name is   **in the list.**

Similar   My name is on the list.(more common)

---

71. How does he feel?

I can do it!

He is   **in good spirits.**

Similar   He is feeling good.

---

72. How does he feel?

I can't do...

He is   **in low spirits.**

Similar   He's feeling down.

73. What kind of mood are you in?

I'm   **in a good mood.**

Similar   I'm feeling good.

---

74. What kind of mood are you in?

I'm   **in a bad mood.**

Similar   I'm in a dark mood.

---

75. Why does she cry out?

She cries out   **in pain.**

Similar   She cries out from pain.

76. Why does he cry out?

He cries out   **in pain.**

Similar   He cries in pain.

77. How is he?

He is   **in shock.**

Similar   He is shocked.

78. Why does she cry out?

She cries out   **in shock.**

79. Why do they shout?

They shout   **in excitement.**

Similar   They shout with excitement.

---

80. How does she feel?

She is   **in a rage.**

Similar   She is in a fury.

---

81. How is he?

He is   **in trouble.**

Similar   He is in a difficult situation.

82. How is she?

She is   **lost in confusion.**

---

83. What is your problem?

I am   **in debt.**

---

84. How is he?

He is   **in liquor.**

Similar　He is intoxicated.
Tips!　미국식 표현으로는 'He is drunk.' 또는 'He is intoxicated.'이 사용됩니다.

85. When does he go in?

He is   **in next.**

Similar   He goes in next.

---

86. Why do you blow at the fire?

I blow   **at the fire**   **in order to make it bigger.**

Similar   I blow up the fire.
Opposite   I put out the fire.

---

87. How do you stand?

We stand   **in a row.**

88. How do you stand?

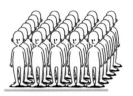

We stand   **in rows.**

---

89. Which row are you in?

I'm   **in the front row.**

---

90. Which row are you in?

I'm   **in the back row.**

91. Which row are you in?

 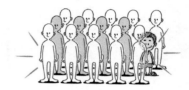

I'm   **in the middle row.**

92. Where are you in the row?

I'm   **in the middle of the row.**

93. Where does he dive?

He dives   **in the river.**

Similar   He dives into the river. / He jumps into the water.

94. Where does he jump?

He jumps **in the river.**

Similar 　He jumps into the river.

---

95. What is in the Pacific?

There is an island **in the Pacific.**

---

96. Where does the sun rise?

 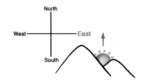

The sun rises **in the east.**

Similar 　The sun comes up in the east.
Opposite 　The sun goes down in the west. / The sun sets in the west.(more common)

97. Where does the sun set?

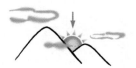 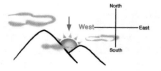

The sun sets **in the west.**

Similar The sun goes down in the west.
Opposite The sun comes up in the east.

---

98. How are the flowers?

The flowers are **in full blossom.**

Similar The flowers are in full bloom. / The flowers are at their best.

---

99. What happens to the roses in the hot weather?

The roses **wilt** **in the hot weather.**

Similar The roses die in the hot weather.(more common) / The roses wither in the hot weather.

100. When do you go out?

We go   **out**   **in the rain.**

Similar   We go out when it rains.

---

101. When do you go out?

We go   **out**   **in the snow.**

Similar   We go out when it snows.

---

102. What is he doing in the dark?

He is writing a letter   **in the dark.**

Similar   He is writing a letter in darkness.

103. What do you work in?

I am

in construction.

Similar   I am in building.

---

104. Who is in the building?

I am

in a building.

Similar   I am inside a building.

---

105. What do you wrap the box in?

I wrap the box

in paper.

Similar   I wrap the box with paper.

106. How does the snow lie?

 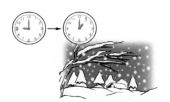

The snow lies   **in a heap.**

Similar   The snow lies heaped up.

---

107. What do you deal?

I deal   **in vegetables.**

Similar   I sell vegetables.

---

108. When will you call me?

I'll call you   **in 3 hours.**

Similar   I'll phone you in 3 hours.

109. How cold is it today?

Today is the coldest day   **in 10 years.**

---

110. When will you leave?

I'll leave   **in a week.**

Similar   I'll go off in a week.

---

111. When will we meet?

We'll meet   **in 3 months.**

Similar   We'll meet up in 3 months.(more common) / We'll meet 3 months from now.

112. How many pass the exam?

2 in 5

pass the exam.

Similar   2 out of 5 pass the exam.

---

113. Where is he wounded?

He is wounded

in the leg.

Similar   He is injured in the leg.

---

114. What do you carve a design in?

I carve a design

in wood.

115. How far is he?

I can see him.

He is   **in my sight.**

Similar   He is in sight. / I can see him.

---

116. How far is he?

I can't see him.

He is   **out of my sight.**

Similar   He is out of sight. / I can't see him.

---

117. What club is he in?

Tennis club

He is   **in the tennis club.**

Similar   He is with the tennis club.

118. When did you get in a car accident?

 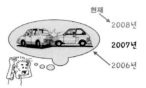

I got in a car accident   **2 years ago.**

Similar   I got into a car accident two years ago.

119. When will you see him?

I'll see him   **in 2 hours.**

Tips!   'within 2 hours'는 2시간 이내, 'in 2 hours'는 2시간이 되는 시점. 'after 2 hours'는 2시간이 지나간 이후에 만난다는 의미가 됩니다. 영어와 한국어의 시간 표현이 다소 다르기 때문에, 2시간 뒤 만날 약속을 잡으려면 'in 2 hours'로 표현합니다.

120. What is in the clouds?

The mountain is up   **in the clouds.**

Similar   The clouds surround the mountain.

2. To

01 Preview tips - to

1. 공간적 의미(방향)를 나타내는 전치사 to

ⓐ [목적지에 도착함을 포함하여] ~(쪽)으로, ~까지

I drive

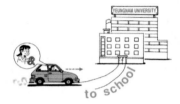

to school.

> **예시** I go to church. She goes to bed. He walks to the corner. I go to the airport. He is sent to the hospital. An apple falls to the ground.

ⓑ [방향을 나타내어] ~(쪽)으로

I turn

to the right.

> **예시** She points to me. I move the cursor to the left of the word. I am sitting with my back to her.

© [방위] ~쪽에, ~을 향해

I live　　　　5 miles　　　　to the north.

예시 I go from south to north. Japan is to the east of Korea. There are mountains to the north. My school is a few miles to the south.

2. 한계(범위, 기간)의 끝을 나타내는 전치사 to

ⓐ [시간, 기한의 끝] ~까지

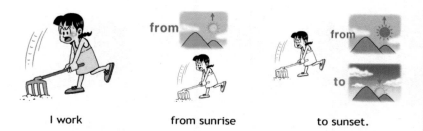

I work　　　from sunrise　　　to sunset.

예시 I work from 9 to 5. / I work from sunrise to sunset.

ⓑ [~이 시작되기 전] ~ (몇 분) 전

It's 5 minutes

to lunch.

예시 It's 5 minutes to 9.

3. 도달점(범위, 한계)을 나타내는 전치사 to

ⓐ [도달점] ~까지

I'm chilled

to the bone.

예시 I run from here to there. I eat to my heart's content.

ⓑ [한도, 결과 등에] ~상태가 되는, ~에 이르는

I tear the paper

to pieces.

예시 The stone is smashed to pieces. He is frozen to death. He is burnt to death. I sing the baby to sleep. I awoke to find a burglar in my room.

4. 목적(의도)을 나타내는 전치사 to

ⓐ ~을 위하여, ~을 하려고

I sit down

to dinner.

예시 I run to her rescue. He comes to her aid. I sit down to a card game.

5. 대면(대립)의 의미를 나타내는 전치사 to

ⓐ ~을 마주보고, ~을 맞대고

We dance

back to back

back to back.

> **예시** I press my hands to her eyes. We dance cheek to cheek. We are standing face to face.

6. 사물, 사람 사이의 관계를 나타내는 전치사 to

ⓐ [부속, 관련, 관계] ~의, ~에(대한)

the top

the top

This is the top

to the box.

Tips! 'the top of the box'라고 할 수도 있지만 'to'가 가지고 있는 관계의 의미를 활용해서 'the top to the box'로
표현할 수 있습니다.

> **예시** This is the top to the bottle. She is mother to the bride. This is a key to the house. I
> get married to him.

7. 비교(대비)를 나타내는 전치사 to

ⓐ ~에 비하여, ~보다

I am superior

to him.

Tips! 여기서 to는 than의 의미를 가지고 있습니다.

예시 The score is 5 to nothing.

8. To의 부정사 용법: 목적(의도)을 나타내는 부정사 to

ⓐ ~를 위하여, ~을 하려고

I pull the window in

to shut it.

예시 Can you give me something to drink? I'm looking for an apartment to live in. The policeman blows his whistle to stop the car.

02 Practice - to

1. Who does she point to?

She points   **to me.**

Similar   She points at me.

---

2. Where do you go?

I go   **to church.**

---

3. Where does she go?

She goes   **to bed.**

Tips!   일반적으로 'go to bed'라고 하면 마치 한 단어처럼 '잠자리에 든다'는 의미로 사용되고 'go to the bed'로
사용되면 침대로 간다는 의미가 더 강하게 됩니다.

4. Where do you drive?

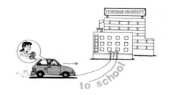

I drive　　　　　**to school.**

Opposite　I walk to school.

---

5. Where does he walk?

He walks　　　　　**to the corner.**

Similar　He goes to the corner.(common)

---

6. Where do you go?

I go　　　　　**to the airport.**

Similar　I get to the airport.(common)

7. Where is he sent?

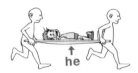   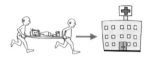

He is sent   **to the hospital.**

Similar   He is sent to hospital.(less common)

---

8. Where is he sent?

   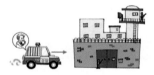

He is sent   **to prison.**

Similar   He is sent to the prison.(common)

---

9. Where does she speak to you?

She speaks   **to me**   **on the road.**

Similar   She talks to me on the road.

10. Who do you talk to?

I talk **to her.**

Similar   I say to her.(common) / I tell her.

---

11. Where does an apple fall?

falls

the ground

An apple **falls** **to the ground.**

Similar   An apple falls onto the ground.

---

12. What way is to the hospital?

This is the way **to the hospital.**

Similar   This is the way towards the hospital.

to

13. Where do you move the cursor?

I move the cursor   to the left   of the word.

---

14. Which bus is this?

This is the bus   to school.

---

15. Where do you take a walk?

I take a walk   to the forest.

Similar   I go for a stroll to the forest.(common) / I take a stroll to the forest. / I have a stroll to the forest.

16. Can I walk there?

It's too far   **to walk.**

Similar   It's too far to go on foot.

---

17. What train is there?

There is a train   **to Seoul.**

Similar   There is a train for Seoul.(more common)

---

18. Where are you on your way to?

I am on my way   **to school.**

Similar   I am going to school now.

19. Where are you on your way to?

 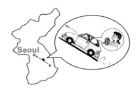

I am on my way   to Seoul.

Similar   I am going to Seoul now.

---

20. Who is this letter addressed to?

The letter is   addressed   to Sotori.

Similar   The letter is sent to Sotori.

---

21. Where does the tree fall?

The tree falls   to the ground.

Similar   The tree collapses to the ground.

22. What time do you work?

I work   **from 9**   **to 5.**

Similar   I work 9 to 5.

---

23. Where do you go from?

 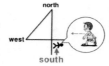 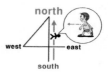

I go   **from south**   **to north.**

Similar   I leave from south to north.

---

24. When do you work from?

  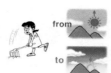

I work   **from sunrise**   **to sunset.**

25. When do you work from?

I work   from Monday   to Friday.

Similar   I work Monday to Friday.

26. Where do you show her the way?

I show her the way   from the front door   to the gate.

27. Where do you run?

I run   from here   to there.

28. Where is a bee flying?

A bee is flying   from flower   to flower.

---

29. What does the traffic light change to?

The traffic light changes   from red   to green.

---

30. Where is Japan from Korea?

Japan is   to the east   of Korea.

Similar   Japan is east of Korea.(more common)

31. Why do you run?

I run   to her rescue.

Similar   I run to save her.

---

32. Why does he come?

He comes   to her aid.

Similar   He comes to give her a helping hand. / He comes to give her a help.(more common) / He comes
to help her.(common)

---

33. Where do you turn?

I turn   to the right.

Similar   I turn to the right.(more common) / I turn right.(common) / I turn on my right.

34. Where are the mountains?

There are mountains   **to the north.**

Similar   There are mountains north.

---

35. Where do you live?

  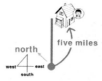

I live   **5 miles**   **to the north.**

Similar   I live 5 miles north.(more common) / I live 5 miles up north.

---

36. Where is your school?

  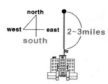

My school is   **a few miles**   **to the south.**

Similar   My school is a few miles south.

37. How do you pay respect(s) to an old man?

I bow   **to an old man.**

38. How are you sitting?

I am sitting   **with my back**   **to her.**

39. How are you standing?

I am standing   **with my back**   **to the fire.**

40. Where do you press your hands?

I press my hands   to her eyes.

Similar   I put my hands over her eyes.(more common) / I cover her eyes with my hands.(common) / I put my hands on her eyes.

41. How do you dance?

We dance   back to back.

Similar   We do a dance back to back.

42. How do you dance?

We dance   cheek to cheek.

Similar   We do a dance cheek to cheek.

43. Where do you apply lotion?

the skin

I apply lotion   to my skin.

Similar   I apply lotion to the skin.
Tips!   우리나라에 존재하는 화장품 중 스킨에 해당하는 제품을 영어권에서는 'lotion' 또는 'toner'라고 부릅니다.
로션에 해당하는 화장품을 미국에서는 'moisturizer' 또는 'emulsion'이라고 합니다. 스킨, 로션 등의 화장품
명칭은 일본식 영어입니다.

44. Where do you apply oil?

oil   apply

I apply oil   to my bike.

Similar   I put oil on my bike.

45. Where do you nail a notice?

I nail   a notice   to the door.

Similar   I post a notice on the door.(more common) / I put a notice on the door.

46. What time is it?

It's five minutes   **to nine.**

Similar   It's five to nine.(more common) / It's five minutes before 9.

---

47. How much time until lunch?

It's five minutes   **to lunch.**

Similar   I have five minutes left to my lunch.

---

48. What do you sit down to?

I sit down   **to a card game.**

Similar   I sit down to play card games.(more common) / I sit down to play cards. (common)

49. What do you sit down to?

I sit down

to dinner.

Similar   I sit down to have dinner.

---

50. Where do you sit?

I sit

next to her.

Similar   I sit beside her.

---

51. How do you tear the paper?

I tear the paper

to pieces.

Similar   I tear the paper into pieces.

52. How is the stone smashed?

The stone is   smashed   to pieces.

Similar   The stone is smashed to bits. / The stone is smashed to atoms.

53. How is he dead?

He is frozen   to death.

Similar   He is frozen and dies.

54. How is he dead?

He is burnt   to death.

Similar   He is burnt and dies.

55. How is he dead?

He is starved   **to death.**

Similar   He starves to death.(more common) / He is starved and dies.

---

56. How cold are you?

I'm chilled   **to the bone.**

Similar   I'm extremely cold.

---

57. What do you do to make your baby fall asleep?

I sing my baby   **to sleep.**

Similar   I lull my baby to sleep.

58. What is that top?

That is the top
to the bottle.

Similar   That is the top of the bottle.

---

59. What is that top?

This is the top
to the box.

Similar   That is the top of the box.

---

60. Who is she?

She is mother
to the bride.

Similar   She is the mother of the bride.

61. What is this key for?

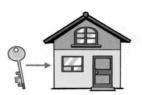

This is a key
to the house.

Similar This is the key of the house.

---

62. What are you to him?

I am superior
to him.

Similar He is inferior to me.

Opposite I am inferior to him.

---

63. How do they march?

They march
to the music.

Similar They march to the sound of the music.

64. How do you sing?

I sing   **to the guitar.**

Similar   I sing to the sound of the guitar.

65. How do you dance?

I dance   **to the sound**   **of the violin.**

Similar   I dance to the violin. / I do a dance to the violin.

66. What is the score?

The score is   **5 to nothing.**

67. How is the music?

The music appeals   **to my taste.**

Similar   I like the music.(more common) / The music is to my taste.

68. How much do you eat?

I eat   **to my heart's content.**

Similar   I eat enough.

69. How do you feel?

I feel sick   **to my stomach.**

Similar   I have a stomachache.

70. What does he make?

He makes suits   **to order.**

---

71. Who do you marry?(Who do you get married to?)

I get married   **to him.**

Similar   I marry him.
Opposite   I get a divorce with him.

---

72. What is the road parallel to?

 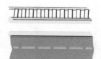

The road is   **parallel**   **to the railroad.**

73. How are you standing?

We are standing　　　　　face to face.

Similar　We are standing face to face with each other.　　*Opposite*　We are standing back to back.

74. What do you promise to do?

I promise　　　to write　　　everyday.

Similar　I give a promise to write everyday.

75. What do you ask when you need something to drink?

Can you give me　　　something to drink?

Similar　I need something to drink.

76. What do you ask when you need something to eat?

Would you give me   **something to eat?**

Similar   I need something to eat.

---

77. What are you looking for?

I'm looking   **for an apartment**   **to live in.**

Similar   I'm looking for an apartment to stay in.

---

78. What do you ask when you need something to wear?

Will you give me   **something to wear?**

Similar   I need something to wear.(common) / I need something to get dressed.

79. What did you wake up to?

I awoke   to find a burglar   in my room.

Similar I awoke to a burglar in my room.

Tips! 이 문장이 '잠에서 깨어나 강도를 발견했다'는 의미로 설명되는 것은 전치사 to가 '경과, 결과'를 나타내기 때문입니다.

80. Who comes first?

He is the first   to come.

81. What does the policeman do with the whistle?

The policeman blows   his whistle   to stop the car.

Similar The policeman blows his whistle in order to stop the car.

82. Why are you delighted?

I am delighted   **to see her.**

Similar   I am delighted to meet her. / I am happy to see her.

---

83. Why do you push the door?

I push the door   **to shut it.**

Similar   I shut the door. / I push the door shut.   *Opposite*   I pull the door open.

---

84. How does the door shut?

The door bangs to   **with a crash.**

Similar   The door bangs shut.(more common)

85. What do you give to the person?

I give CPR   **to the person.**

Similar   I help revive a person.

Tips!   'CPR'은 'Cardiopulmonary Resuscitation'의 약자로 심폐소생술을 말합니다. 심장박동 및 호흡이 갑자기 멈춘 사람에게 실시하는 응급처치로, 두 손을 모아 심장부위를 반복해서 마사지하고, 입으로 공기를 불어넣는 인공호흡을 합니다.

86. Why do you pull the window?

I pull the window in   **to shut it.**

Similar   I pull the window in to lock it.

87. What does the boat do?

The boat   **turns to.**

Similar   The boat changes direction.(more common) / The boat rotated to the south.

88. What's the dollar worth?

1 dollar

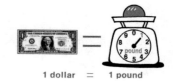

1 dollar = 1 pound

It's a dollar   **to the pound.**

to

---

89. How do you swing your hands?

to   fro

I swing my hands   **to and fro.**

Similar   I swing my hands back and forth.

---

90. Where does she hug you from?

rocking

to   fro

She hugs me   **from behind**   **rocking to and fro.**

Similar   She hugs and rocks me to and fro from behind.

91. What is she doing to him?

She backs him up

to the wall.

Similar She backs him up against the wall.

3. On

01   Preview tips - on

1. 장소의 접촉을 나타내는 전치사 on

ⓐ ~의 표면에, ~위에

There is a book   on the desk.

> 예시   I sit on a chair. I'm writing on paper. There is a handle on the door. I put a box on the table. There is a painting on the wall.

2. 부착(착용, 소지)을 나타내는 전치사 on

ⓐ ~에 붙여서, 몸에 지니고

She has 2 rings   on her finger.

> 예시   I put a bell on the dog. There is a dog on a chain. There is a bucket on the rope.

3. 받침(지지)의 의미를 나타내는 전치사 on

ⓐ ~으로, ~을 축으로 하여

I stand   on one foot.

예시 The baby crawls on hands and knees. I walk on tiptoe. I lie on my back. I lie on my side. The ball turns on a pivot. The earth turns on its axis.

4. 수단(도구)을 나타내는 전치사 on

ⓐ [교통수단을 나타내어] ~으로, ~을 타고

I go   on the bus.

예시 I go on a bicycle. I go on horseback. I go on board.

ⓑ [도구, 수단을 나타내어] ~으로(~에)

He plays a tune

on the guitar.

예시 I make my pant on a sewing machine. I talk on the phone. I cut my hand on a piece of glass. I hear a song on the radio. I watch a game on television.

5. 근접의 의미를 나타내는 전치사 on

ⓐ ~에 가까운, ~에 접하여

There is a gas station

on the highway.

예시 There is a cottage on the beach. She is close on 30. It's just on 9 o'clock. The bill comes to just on 200 dollars. There is a hotel on the lake.

6. 활동(상태)을 나타내는 전치사 on

ⓐ [동작의 방향] ~을 향해

I sit

on her left.

예시 The army advances on the city. The storm is on me. I turn my back on her.

ⓑ [동작의 대상] ~에 대하여, ~에게

I turn my back

on her.

예시 I have pity on her. The kid plays a joke on me. I hit the man on the head. She walks out on me. The light goes out on me.

ⓒ [활동 중임을 나타냄] ~하는 중

They are   **on strike.**

예시 He is on the run from the police. She goes on a journey. She's on a diet. He is on the move. He is on guard. Traffic accidents are on the increase.

7. 요일(시간, 날짜)을 나타내는 전치사 on

ⓐ [특정한 날, 요일, 시간] ~에

We have a party   **on Christmas day.**

예시 We go on a picnic on June 1ˢᵗ. I'll call you on next Friday. I take a day off on my birthday.

8. On의 부사적 용법

ⓐ [연속된 동작] 계속해서 ~하다

I sleep

on.

예시 I run on. They fight goes on.

ⓑ [착용] ~을 입다, 끼다, 쓰다

I put on

my gloves.

예시 I put on my shorts. I put on my cap backwards. I put on my socks. There is a woman with her glasses on.

ⓒ [전원 켜짐, 작동 중] (수도, 가스, 전원 등이) 나오다, 켜지다(<-> off)

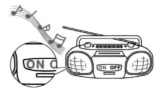

The radio is   **on.**

예시 I turn on the water. The fan is on. The gas is on. I turn on the water. I switch on the light.

02 Practice - on

1. Where do you sit?

I sit   **on a chair.**

Tips! 영어권에서는 'on a chair'와 'in a chair'를 구분해서 사용합니다. 팔걸이가 있는 의자인 경우는 몸이 의자 안으로 들어간다고 생각해서 'in a chair'로 표현하고 팔걸이가 없는 의자는 'on a chair'로 씁니다.

2. What do you write on?

I'm writing   **on paper.**

Similar   I'm writing letters on paper.

3. What do you work on?

I work   **on math.**

Similar   I study math.

4. What is on the desk?

There is a book   **on the desk.**

Similar   A book is on the desk.(less common) / A book is lying on the desk.

5. What is on the door?

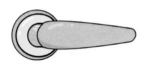

There is a handle   **on the door.**

Tips!   그림처럼 가늘고 긴 모양의 손잡이를 'handle'이라고 하고, 둥글게 생긴 손잡이는 'door knob'라고 부릅니다.

6. Where do you put the box?

I put   **a box**   **on the table.**

Similar   I place a box on the table.
Opposite   I take a box off the table.

7. Where do you put your package?

I put my package   **down**   **on the table.**

Opposite I put my package under the table.

on

8. Where is the tablecloth?

The tablecloth is   **on the table.**

9. Where is the baby?

A baby is   **on my back.**

Similar There is a baby on my back.(more common)

10. Where do you put the blanket?

I put   **the blanket**   **on the baby.**

Similar   I place the blanket on the baby.

11. Where do you put the butter?

I put butter   **on one side of the bread.**

Similar   I put the butter on one side of the bread.(less common)

12. Where do you put the butter?

I put butter   **on both sides of the bread.**

Similar   I put the butter on both sides of the bread.(less common)

13. What is on the wall?

There is a painting   **on the wall.**

Similar A painting is on the wall.

on

---

14. Where is the store?

The store is   **on the corner.**

Similar There is the store on the corner.(more common)

---

15. Where does he have a scar?

He has a scar   **on the face.**

Similar There is a scar on his face.

16. What does he have on?

He has a hat   **on.**

Similar   He is wearing a hat.

---

17. What is he on?

←drugs

He is   **on drugs.**

Similar   He takes drugs.

---

18. What are you on?

I am   **on medication.**

Similar   I take medicine regularly.

19. What do you live on?

We live **on rice.**

Similar   We live off of rice.

---

20. How does a car run?

A car runs **on gasoline.**

Tips!   휘발유는 'gasoline'이라고 하고 경유는 'diesel'이나 'diesel gas'라고 하면 되고 가스차는 'LPG'라고 해서 각각
'on diesel, on LPG'라고 표현할 수 있습니다.

---

21. What does he have on?

He has nothing **on.**

Similar   He is not wearing anything.

22. Who does he draw his knife on?

He draws   **his knife**   **on me.**

Similar   He draws his knife at me.
Tips!   'draw'는 '그리다'는 뜻 외에도 총이나 칼과 같은 무기를 꺼내 공격하기 위해 겨누는 동작을 표현할 때도 쓰입니다. cf) He came towards them with his gun drawn.

23. Who is he on the run from?

He is   **on the run**   **from the police.**

Similar   He is running away from the police.

24. What is he doing?

He is   **on the move.**

Similar   He is going somewhere.

25. Where is he?

He is　　　　　　　　　　**on vacation.**

Similar　He is on leave.

---

26. What doctor is he?

He is a doctor　　　　　　　　**on call.**

Tips!　'doctor on call'은 호출이 있으면 바로 가서 진료를 볼 수 있도록 항상 호출 대기하고 있는 의사를 말합니다.

---

27. What does he play a tune on?

a tune

He plays a tune　　　　　　　**on the piano.**

Similar　He plays music on the piano.

on

28. What does he play a tune on?

He plays a tune   **on the guitar.**

Similar   He plays music on the guitar.

29. What do you put on?

I put on   **my socks.**

Similar   I pull on my socks.
Opposite   I pull off my socks.
Tips!   한국어로 '입다, 신다, 끼다'처럼 다양하게 표현되는 것을 영어 'put on'으로 다 표현할 수 있습니다. 반대되는 말로는 'take off, pull off' 등입니다.

30. What do you put on?

I put on   **my gloves.**

Similar   I pull on my gloves.
Opposite   I pull off my gloves.

31. What are you working on?

He is a writer.

I am   **working on an English book.**

Similar   I am writing an English book.

---

32. How much do you add?

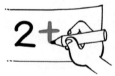 

I add on   **3.**

---

33. How do you buy the shoes?

I buy the shoes   **on the cheap.**

Similar   I buy the shoes for cheap.(more common) / I buy the shoes at a low price.
Opposite   I buy the shoes at a high price.

34. How do you buy your books?

I buy books on credit.

Similar   I buy my books with credit.
Opposite   I buy my books in cash.

35. What do you do when you pray?

I fall on my knees.

Similar   I fall to my knees. / I drop on my knees.(common) / I drop to my knees.

36. How do you stand?

I stand on one foot.

Tips!   'stand on my head'는 머리를 땅에 대고 거꾸로 서는 물구나무를 의미하고 'stand on my hands'라고 하면
두 손을 딛고 하는 물구나무서기를 말합니다.

37. How do you walk?

I walk   **on tiptoe.**

Similar   I go on tiptoe.

on

---

38. What do you cut your hand on?

I cut my hand   **on a piece of glass.**

Tips!   사람의 신체에 'cut'이 쓰이면 일반적으로 베인 것을 의미합니다. 사람이 아닌 다른 사물일 경우에는 '~을 자르다'라는 의미로 사용됩니다. ex) I cut an apple with a knife.

---

39. How do you go?

I go   **on foot.**

Similar   I walk.

40. How do you go?

I go   **on my hands and knees.**

Similar   I go on all fours.

41. How does the baby crawl?

The baby   **crawls**   **on hands and knees.**

42. What do you go on?

I go   **on the bus.**

43. What do you go on?

I go **on horseback.**

Similar   I ride horseback.

---

44. Where do you go?

I go **on board.**

Similar   I board a ship.

---

45. What do you go on?

I go **on the bicycle.**

Similar   I ride my bicycle.

46. What do you get on?

I get   on the bus.

Similar I take the bus.
Opposite I get off the bus.

47. Where are you going?

I'm going   on an errand.

Similar I'm going to run an errand.

48. What are you going to do on Monday?

We're going   to see a movie   on Monday.

Similar We're going to watch a movie on Monday.

49. When do you watch movies?

We see   movies   on Mondays.

Similar   We watch movies on Mondays.
Tips!   'on Monday'는 하루를 말하지만 'on Mondays'라고 하면 반복되는 같은 요일을 말하게 됩니다.

50. What do you do on Sunday?

I go   to church   on Sunday.

Tips!   'go to church'라고 하면 예배를 드리러 가는 것을 말하고 'go to the church'라고 하면 예배 이외의 다른 목적으로도 가는 가능성이 있는 표현입니다.

51. When do you go to church?

I go   to church   on Sundays.

52. When do you go to school?

I go   to school   on and after March 1st.

Similar   I start school on March 1st.(1st = first)

Tips!   'on and after March 1st'는 'on March 1st'와 'after March 1st'가 합쳐진 표현입니다. 그래서 3월 1일을 포함해서 그 이후를 나타내는 복합적인 표현이라고 할 수 있습니다.

53. When do you arrive?

I arrive   at 3 o'clock   on time.

Similar   I arrive at 3 o'clock to the second.

54. How old is she?

She is close on 30.   /   She is 30 years old.

Similar   She is going on 30.(more common) / She is close to 30.

55. What time is it?

It's just on nine o'clock.　/　It's just 9 o'clock.

Similar　It's just about 9 o'clock.

56. When was it?

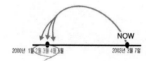 

It is just on 3 years ago.　/　It is just 3 years ago.

Similar　It's just about 3 years ago.(more common)
Tips!　'It's just on 3 years ago.'에서 'on'은 'about'처럼 대략적인 의미로 사용됩니다.

57. What does the bill come to?

 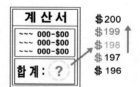

The bill comes to　just on 200 dollars.

Similar　The bill comes to just about 200 dollars.(more common)

58. What does the bill come to?

The bill comes to   just 200 dollars.

Tips!　57번 문장과 비교하기 위해서 'on'이 없는 문장인데도 넣은 것입니다.

---

59. What do you go to the university on?

I go to the university   on a scholarship.

---

60. Where do you hear a song?

I hear a song   on the radio.

Similar　I hear a song coming from the radio.

61. What do you hang on?

I hang   **on the truck.**

Similar   I cling on to the truck.

---

62. Where do you have lunch?

I have lunch   **on the train.**

Similar   I eat lunch on the train.

---

63. Where do you help him to?

I help him   **on board.**

64. Who do you have pity on?

I have pity   **on her.**

Similar   I pity her.(more common)

---

65. What does the kid do to you?

The kid   **plays a joke**   **on me.**

Similar   The kid makes fun of me. / The kid pokes fun at me.

---

66. How does the suit look on me?

The suit looks nice   **on you.**

Similar   The suit looks good on you.

67. What do you hold onto?

I hold   **onto his arm.**

Similar　I grab his arm.

68. Where do you hit the man?

I hit the man   **on the head.**

Similar　I hit his head.

69. Where does she slap the man?

She slaps the man   **on the neck.**

Similar　She slaps his neck.

Tips!　'She slaps his neck'처럼 쓰인 문장이 우리가 보기엔 더 받아들이기 쉽고 자연스러운 것 같지만, 실제 원어민들은 'She slaps him on the neck' 식의 표현을 일상생활에 더 즐겨 사용합니다.

70. What does she do to the kid?

She hits the kid
on the butt.

Similar   She hits the kid's butt.(less common)

71. Where do you jump?

I jump
onto the stage.

72. What do you make your pants on?

I make my pants
on a sewing machine.

Tips!   'make my pants'는 바지를 만드는 것이지만 이미 만들어진 바지를 나중에 수선할 경우에는 'mend my pants'로 표현하면 됩니다.

73. What do you pull off?

I pull off   the glove   on my right hand.

Similar   I take the glove off my right hand.(more common) / I take the glove off on my right hand.
(common) / I pull the glove off my right hand.

74. What do you lie on?

I lie   on my back.

Similar   I lie flat on my back. / I lie straight on my back.

75. What do you lie on?

I lie   on my face.

Similar   I lie face down.

76. What do you lie on?

I lie   on my side.

77. Where do you put a bell?

I put   a bell   on the dog.

78. Where do you put the pan?

I put   the pan   on the fire.

Opposite   I take the pan off the fire.

79. What do you put on?

I put on   **my shorts.**

Similar   I put my shorts on.

80. How do you put on your cap?

I put on   **my cap**   **backwards.**

Similar   I put my cap on backwards.(more common)

81. Who is there?

There is a woman   **with her glasses on.**

Similar   A woman is wearing glasses.

82. Where do you sit?

I sit　　　　　　　　on her left.

83. Where do you sit?

I sit　　　　　　　　on her right.

84. What do you continue to do?

I run　　　　　　　　on.

Similar　I continue to run.(more common) / I continue running.(common) / I continue to run on.

85. What do you continue to do?

continue to sleep

I sleep **on.**

Similar   I sleep for hours.(more common) / I keep sleeping.(common) / I continue to sleep.

---

86. How is the fight?

continue to fight

The fight **goes on.**

Similar   The fight goes on and on.(more common) / The fight continues.

Tips!   'run on, sleep on, fight on'에서 'on'은 '계속하다'라는 'continue'의 의미가 있어서 앞 동사가 동작을 계속하게 하는 역할을 한다고 보면 됩니다. 'on'의 쓰임 중에서 이렇게 계속적인 동작을 나타내는 경우도 있다는 것을 알아 둡시다.

---

87. What do you switch on?

I switch on **the light.**

Similar   I turn on the light.

Opposite   I turn off the light.(common) / I switch the light off.

88. What do you turn on?

I turn　　　　on　　　　the water.

Opposite　I turn off the water.

89. What is on?

The fan is　　　　on.

Opposite　The fan is off.

90. What is on?

The gas is　　　　on.

Opposite　The gas is off.

91. What is on?

The movie is　　　　　　**on.**

Similar　The movie is playing.
Opposite　The movie is off.

---

92. What is on?

The radio is　　　　　　**on.**

Similar　The radio is switched on.
Opposite　The radio is off.

---

93. Where is the painting?

The painting is　　　　　　**on exhibition.**

94. What do you talk on?

I talk   **on the phone.**

95. How do you study?

I study hard   **on an empty stomach.**

96. When will you call me?

I'll call you   **on next Friday.**

Similar I'll call you on Friday next.

Tips! 'on next Friday'는 'on' 없이 그냥 'next Friday'로 사용되는 경우도 있고, 'on next Friday'로 쓰이기도 합니다. 세 가지 다 맞는 표현입니다.

97. When do you take a day off?

I take a day off   **on my birthday.**

Tips!   하루를 쉬면 'take a day off'라고 하고, 이틀을 쉬면 'take two days off'라고 하면 됩니다.

98. When do we go on a picnic?

We go   **on a picnic**   **on June 1st.**

Similar   We go on a picnic on the 1st of June.(less common)

99. When do we have a party?

 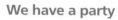 

We have a party   **on Christmas day.**

Similar   We have a party on Christmas.(more common)

on

100. What do you take notes on?

I take notes   **on a lecture.**

Similar   I take notes during a lecture. / I take notes in a lecture.
Opposite   I sleep during a lecture.

---

101. What does she have?

She has some information   **on me.**

Similar   She has some information about me.

---

102. What does she do to you?

She shuts   **the door**   **on me.**

103. What does she do to you?

She walks out   **on me.**

---

104. What does she do to you?

She hangs up   **on me.**

---

105. What happens to the light?

The light   **goes out**   **on me.**

106. What do you do to her?

I turn my back   on her.

Similar   I turn my back from her.

---

107. What happens to her?

She dies   on the baby.

Tips!   'She dies on the baby'는 아기가 홀로 남겨져 있는 안타까운 상황에서 엄마가 세상을 떠나는 것을 말합니다.

---

108. Where do you watch a game?

I watch   a game   on television.

Similar   I watch a game on TV.(more common) / I watch a game on the TV.

109. What do you wipe your hands on?

I wipe my hands   on a towel.

Similar   I wipe my hands with a towel.(more common)

Tips!   신체에 묻은 물기를 제거할 때는 'wipe'를 사용하기도 하지만 'dry'를 동사로 사용하기도 합니다.
              ex) I dry my hands with a towel.

---

110. Where does she have two rings?

She has 2 rings   on her finger.

Similar   She is wearing 2 rings on her finger.

---

111. Where are you on your way to?

I'm on my way   to school.

Similar   I am going to school.

on

112. Where is the house?

on the out skirts

The house is   on the outskirts   of the town.

Similar   The house is located in the suburbs.

113. Where are the kids playing?

 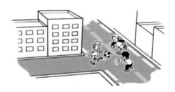

The kids are playing   on the street.

Tips!   'on the street'를 'in the street'로 바꾸어 사용해도 됩니다.

114. Where does she go?

She goes   on a journey.

Similar   She takes a journey. / She goes on a trip.

115. What's she going on?

She's going   **on a diet.**

Similar   She is on a diet.(more common) / She goes on a diet.
Tips!   지금 다이어트(식사조절)를 하는 중이라고 말할 때는 간단히 'I'm on a diet.'라고 하면 됩니다.

116. Where does the army advance?

The army advances   **on the city.**

Similar   The army advances toward the city.(more common)

117. What is on you?

The storm is   **on me.**

Similar   I get caught in the storm.(more common)
Tips!   'on me'에서 'on'은 'in the direction of', 'toward'와 같이 방향을 나타내는 의미로도 사용됩니다. 'on the city'도 이와 같은 맥락입니다.

on

118. How does she spend her money?

She spends much money   **on books.**

Similar   She spends a lot of money on books.

119. How does this ball turn?

  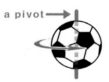

This ball   **turns**   **on a pivot.**

Similar   This ball pivots.

120. How does the earth turn?

The earth   **turns**   **on its axis.**

Similar   The earth spins on its axis.

121. What is on fire?

The house is

on fire.

Similar   The house caught fire.

---

122. What do you say when you want to buy lunch for someone?

 lunch hour

The lunch is

I'll pay.

on me.

Tips!   여기서 'on me'는 내가 계산한다는 의미가 됩니다. 식당에서 '서비스입니다.'라고 말하는 것을 'It's on the house.'라고 하는 것도 가게에서 계산한다는 의미라고 이해하면 됩니다.

---

123. Where is the money found?

The money is found

on her.

124. Where is a hotel?

There is a hotel   on the lake.

Similar There is a hotel on the lake.(more common) / There is a hotel by the lake.(common) / There is a hotel at the lake.

125. Where is a cottage?

There is a cottage   on the beach.

Similar There is a house on the beach.(more common, cottage not commonly used)

126. Where are the trees?

There are trees   on both sides   of the river.

127. Where is a gas station?

There is a gas station **on the highway.**

Similar   A gas station is on the highway.(less common)

on

128. Where is a dog?

There is a dog **on a chain.**

129. Where is a bucket?

There is a bucket **on the rope.**

Similar   There is a bucket tied to the rope.

130. How many legs are on the table?

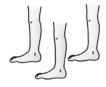 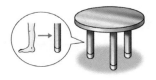

There are 3 legs   **on the table.**

Tips!   탁자 다리가 탁자에 붙어 있는 것처럼, 일반적으로 표면에 붙어 있는 것을 표현할 때는 'on'을 사용합니다.
ex) Apples hang on the tree.

131. Where are two flies?

Two flies are   **on the ceiling.**

Similar   There are two flies on the ceiling.

132. Where are the notes?

There are notes   **on the margin.**

133. What kind of man is there?

There is a man　　　　**on guard.**

Similar　A man is on guard.

---

134. What are they doing?

They are　　　　**on strike.**

Similar　They go on strike.

---

135. What article is in the newspaper?

an article

There is an article　　**on crime**　　**in the newspaper.**

on

136. How are traffic accidents?

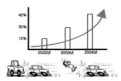

Traffic accidents are   **on the increase.**

Similar   Traffic accidents are on the rise.

----

137. How are traffic accidents?

Traffic accidents are   **on the decrease.**

Similar   Traffic accidents are on the fall.

4. Out

01 Preview tips - out

1. (공간적 의미) 밖(외부)을 나타내는 전치사 out

ⓐ [문, 창] ~을 통하여 밖으로

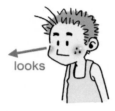

He looks

out the window.

예시 I walk out the door. He jumps out the door.

2. 'of'와 함께 표현되는 전치사 out of

ⓐ [위치] ~밖에, ~부터 떨어져

He lives

out of the city.

예시 The ship sinks 20 miles out of Korea.

ⓑ [재료를 나타내어] ~에서, ~으로

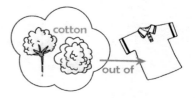

This shirt is　　　　**made out of cotton.**

예시 It is a statue made out of stone.

ⓒ [장소, 사물의 안, 원인] ~에서 나오다

Some coins fall　　　　**out of the bag.**

예시 A frog jumps out of the box. I get out of bed. She drinks her beer out of the bottle. He is thrown out of the restaurant. I ask out of curiosity.

ⓓ ~이 없는(떨어진), 물건이 바닥난

I am

out of money.

예시 I am out of milk. I am out of cigarettes.

3. Out의 부사적 용법

ⓐ [~에서] 밖으로, 외출하여, 나와

He goes

out

for a drink.

예시 He drives out. She bicycles out on the road. The ship is out at sea.

ⓑ [밖으로] ~내밀어, 내뻗어

She reaches out

for the knob.

예시 The tree branches pop out. He stretches out to the window.

ⓒ [불, 전등 등이] 꺼진

I blow

a candle

out.

예시 The light goes out. I put the fire out. I stub the cigarette out.

ⓓ [본래의 상태에서] 벗어난, 잘못된

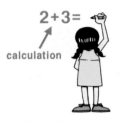

Her calculation is

out.

예시 Her calculation is out. His side kick is out. My watch is 10 minutes out.

ⓔ [들리도록] 큰소리로

I read the book

out loud.

예시 I read the book out loud. She sings out loud. Speak out! She calls out my name. I cry out to the dog to stop.

ⓕ 끝까지, 완전히

I clean the street out.

예시 I am tired out. I saw a whole play out at the theater. She paints the letter out.

02 Practice - out

1. How is he?

He is   out.

Tips! 여기서 'out'은 '의식을 잃다'라는 부사적인 의미로 사용됐습니다. '그는 의식이 없다.'라고 해석할 수 있지만, 일반적으로 술이 너무 취해 의식이 없는 경우에 사용됩니다.

2. How is the car?

This car is in.   /   The car is out.

Similar This car is a new model. / This is a brand new car.(more common)

Similar The car is an old model. / The car is an old-fashioned model.(more common)

3. Why does he go out?

He goes out   to lunch.

Similar He goes out to have lunch. / He goes out to eat lunch.

4. Where do you walk?

I walk   **out**   **the door.**

Opposite   I walk in the door.

5. What does he jump out?

He jumps   **out**   **the door.**

Similar   He runs out of the door.

6. What does a frog jump out of?

  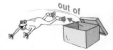

A frog   **jumps**   **out of the box.**

Opposite   A frog jumps into the box.

7. What comes out?

The sun   **comes out.**

Similar   The sun rises.
Opposite The sun sets.

---

8. What do you get out of?

I get   **out of bed.**

Similar   I roll out of bed.
Opposite I go to bed.

---

9. What do you spring out of?

I spring   **out of bed.**

Similar   I jump out of bed.

10. Where does she bicycle?

She bicycles out

on the road.

Similar   She bicycles along the road.

11. Where does he drive?

He drives

out.

Opposite   He drives in.

12. Where do you drive?

I drive out

on the street.

Similar   I drive along the street.

13. Where does he look?

He looks

out the window.

Opposite He looks in at the window.

---

14. Where does he live?

He lives

out of the city.

Similar He lives outside of the city.
Opposite He lives in the city.

---

15. Where does she peek?

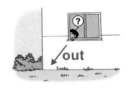

She peeks

out.

Similar She peeps out.
Opposite She peeps in.
Tips! 'She peeks out.'에서 뭔가 보는 대상을 추가하려면 'at'을 넣으면 됩니다. ex) She peeks out at the man.

16. What do you say when people are not allowed to come in?

Keep out.

Similar   Don't come in.(more common) / Do not enter.

17. Where do some coins fall from?

Some coins fall   out of the bag.

Tips!   일반적으로 위치의 이동을 나타낼 경우 'out of'는 'from'과 의미가 같아서 서로 바꾸어 쓸 수 있는 경우가 많습니다. 이 문장에서도 'out of' 대신에 'from'을 쓸 수 있습니다. ex) Some coins fall from the bag.

18. What does he lean out of?

He leans   out of the window.

Opposite   He leans in the window.

19. What does he blow out?

He blows out   cigarette smoke.

Similar   He blows cigarette smoke out.
Opposite He inhales cigarette smoke.

20. How does she drink her beer?

She drinks   her beer   out of the bottle.

Tips!   우리나라 말로 '병나발'이라고 하는 표현은 'out of the bottle.'이라고 한다는 것을 알아 두세요.

21. What is this statue made out of?

  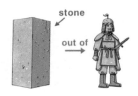

It is a statue   made out of stone.

Similar   This statue is made out of stone.
Tips!   'I'm not made out of money.'라는 표현이 있는데 이건 '나는 돈 찍어내는 기계가 아니야'라는 식의 말이
됩니다.

179

22. What is this shirt made out of?

 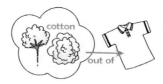

This shirt is   **made out of cotton.**

Tips!   'made out of stone(cotton)'은 'made of stone(cotton)'으로 바꾸어 쓸 수 있습니다. 여기서 'out'은 좀 더 보조적인 의미를 추가하는 역할을 합니다.

out

23. Where is he thrown out?

He is thrown   **out of the restaurant.**

Similar   He is kicked out of the restaurant.(more common) / He is driven out of the restaurant.

24. When did you drop out of school?

I dropped out of school   **in 2003.(two thousand three)**

Similar   I was kicked out of school in 2003.

25. How many do you pick up?

I pick up 3   out of 7.

Similar   I pick out 3 from 7.

---

26. Why do you ask?

I ask   out of curiosity.

Similar   I am wandering about that.

---

27. What does she ask you?

She asks me   out   for dinner.

Similar   She asks me out to dinner.

Tips!   'ask somebody out'은 누군가를 밖으로 나오라고 불러낸다는 의미가 있습니다. 이 표현은 일반적으로 '데이트를 신청한다'는 의미로도 자주 쓰입니다.

28. Where does he go?

fishing

He goes out

fishing.

Similar He goes out for fishing.

29. What does he go out for?

He goes   out   for a drink.

Similar He goes out and grab a drink.

30. What do you take out?

I take a ball

out.

Similar I pick a ball out.

Opposite I put a ball in.

31. Where do you move the box?

I move the box   out there.

Similar   I move the box over there.

32. Who do you pick out?

I single out a person   for the prize.

Similar   I choose a person for the prize.(more common) / I pick out a person for the prize.

33. What is there?

There is an island out there.   /   There is an island.

Similar   There is an island over there.

34. Where does she study?

She studies   **out**   **in Japan.**

Similar   She studies (over) in Japan.

35. Where is the ship?

The ship is   **out**   **at sea.**

Similar   The ship is far away at sea.

36. Where does the ship sink?

The ship sinks   **20 miles out**   **of Korea.**

Similar   The ship sinks 20 miles from Korea.

37. What happens to the light?

The light   **goes out.**

Opposite   The light comes.

---

38. What do you put out?

I put the fire   **out.**

Similar   I put out the fire.
Opposite   I make a fire. / I build a fire.

---

39. What do you blow out?

I blow   **a candle**   **out.**

Similar   I blow out a candle.
Opposite   I light a candle.

40. What do you stub out?

I stub the cigarette   out.

Similar   I put out the cigarette.(more common) / I stub out the cigarette.

out

41. What do you see at the theater?

I see   a whole play out   at the theater.

Similar   I watch the entire play.(common) / I watch a play from beginning to end.

42. How do you feel?

I am tired   out.

Similar   I am dirt tired.

43. What does she paint out?

She paints   the letters   out.

Similar   She paints over the letters.(more common) / She paints out the letters.

---

44. How do you clean the street?

I clean   the street   out.

Similar   I clean the street completely.

---

45. What are you out of?

I am   out of money.

Similar   I don't have any money left. / I'm broke.

Tips!   'I'm running out of money' 처럼 'running'을 넣게 되면 돈이 거의 바닥이 나가는 상태로 변하는 것을 표현하게 됩니다. 'I'm out of money'는 이미 돈이 바닥난 상태를 말합니다.

46. What are you out of?

I am   out of milk.

Similar   I don't have any milk left.

47. What are you out of?

I am   out of cigarettes.

Similar   I don't have any cigarettes left.

48. What has he been doing for four days?

He has been out of work   for 4 days.

Similar   He hasn't worked for 4 days.

49. How is the jacket?

The jacket is   out   at the elbows.

Similar   The jacket is ripped at the elbows.(more common)

50. How are the pants?

The pants are   out   at the knees.

Similar   The pants are ripped at the knees.(more common)

51. Why is she out?

She is out   because of a cold.

Similar   She is absent because of a cold.

52. How is his hair?

His hair is   **out of style.**

Opposite   His hair is in style.

53. How are the roses?

The roses are   **out.**

Similar   The roses have blossomed.(more common)

54. Who is he put out with?

He is put out   **with her.**

Similar   He is done with her.
Opposite   He gets along with her.

55. What are the workers doing?

The workers are out   **on strike.**

Similar   The workers are on strike.(more common) / The workers are out protesting.

56. What does the player do?

The player   **strikes out.**

57. What do you pick out?

I pick out   **red pencils.**

Similar   I select red pencils.

58. What happens at second base?

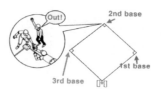

He is out   at second base.

---

59. What does the umpire say?

The umpire says   the ball is out.

Similar   The umpire says that the ball is out.

---

60. How is her calculation?

Her calculation is   out.

Similar   Her calculation is wrong.(more common)
Opposite   Her calculation is correct.

61. How is his side kick?

His side kick is   out.

Similar   His side kick isn't done correctly.
Opposite His side kick is excellent.

---

62. How is your watch?

10 minutes slow

My watch is   10 minutes out.

Similar   My watch is 10 minutes slow or fast.(more common)
Opposite My watch is correct. / My watch keeps good time.(common)

---

63. Is swimming okay here?

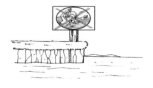

Swimming is   out of the question.

Similar   Swimming is not allowed.(more common)

64. What happens to her?

She passes out.

Similar   She falls in a faint.

65. What happens to the tree branches?

The tree   branches   pop out.

Similar   The tree branches grow.

66. How many paths does the road branch out into?

The road   branches out   into 3 paths.

Similar   The road divides into three paths. / The road is divided into three paths.(more common)

67. What does she reach out for?

She reaches out   for the knob.

Similar   She reaches out to grab the knob.(more common)

Tips!   'hold out'은 손을 앞으로 내미는 동작을 말하고 'reach out, stretch out'은 뭔가에 다다르기 위해서 손을 뻗는 동작을 말합니다. 대상을 넣으려면 'reach out for my cell phone' 처럼 'for'을 사용합니다. 잘 알아 두면 유용하게 쓸 수 있는 표현들입니다.

68. What does he stretch out to?

He stretches out   to the window.

Similar   He stretches his arm out to reach the window.(more common) / He stretches out his arm to reach the window.

69. What does she reach for?

She reaches out   to grab   my shoulder.

Similar   She puts out her hand to grab my shoulder.

70. What does he reach for?

He reaches out   for the fruit.

Similar   He reaches out to grab the fruit.(more common) / He reaches out to the fruit.
/ He puts out his hand to the fruit.

71. How do you read the book?

I read the book   out loud.

Tips!   'out loud'는 다른 사람이 또렷이 들을 만큼 소리 내는 것을 말합니다. 그래서 'Speak out loud'라고 하면 잘
들을 수 있도록 말하라는 것이지 아주 큰 소리로 소리를 지르라는 것은 드문 경우인 것을 알아 둡시다.

72. How does she sing?

She sings   out loud.

Similar   She sings out.

73. What do you say when someone's voice is too low?

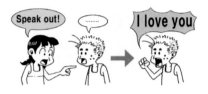

Speak out!

Similar   Speak up!(more common) / Speak out loud!

---

74. What does she call out?

She calls out   my name.

Similar   She calls my name.

---

75. Why do you cry out?

I cry out   to the dog   to stop.

Similar   I shout to the dog to stop.

76. What size is this?

This is a medium size.   /   This is an out size.

c.f.   an out size = an extra large size(more common)

77. How is the horse?

The horse is   out of breath.

Similar   The horse has no breath left. / The horse is breathless.

5. Up

01 Preview tips - up

1. 이동(위로, 상류쪽으로)을 나타내는 전치사 up

ⓐ ~위로(에), ~의 높은 쪽으로(에)

It's raining

up the mountain.

예시 I am up the stream. I walk up a hill. I climb up a ladder. I go up the stairs.

ⓑ [하천의] 상류로, [흐름을] 거슬러 올라가

I sail

up the river.

예시 I row up the river.

2. Up의 부사적 용법

ⓐ [낮은 위치에서] ~위쪽으로, 위로

I look **up.**

예시 I am up in the tree. I pick up a box. I put my hands up. The fish swims up. She pulls up a weed. I put up a flag.

ⓑ 몸을 일으켜, [잠자리에서] 일어나

I stand **up.**

Tips! 'Stand'는 단순히 '서다'의 의미가 있지만 'up'이 들어가면서 똑바로 서는 것을 의미합니다.

예시 I get up from my chair. I jump up from my chair. I sit up in bed. I wake up. I wake my sister up.

ⓒ [특정 장소나 사람이 있는] 쪽으로 다가와

He comes   up   to me.

예시 I walk up to the wall. I go straight up to the door.

ⓓ [종결, 완성을 나타내는] 완전히, 다

I eat   up.

예시 Time is up. I drink up. I pack up. The house is burned up. I break up the desk. I count up to 10.

02 Practice - up

1. Where is the sun?

The sun is   up.

Opposite The sun is down.

---

2. Where is the flag?

The flag is   up.

Opposite The flag is down.

---

3. How are the blinds?

One blind is   up.

Similar   One set of blinds is up.
Opposite   One blind is down.

4. Where are you?

I am **up** **in the tree.**

5. Where is your office?

My office is **up** **on the top floor.**

Opposite My office is on the first floor.

6. Where is a bird in the sky?

A bird is **high up** **in the sky.**

7. Where does a bird fly?

A bird flies **up** **in the sky.**

8. What does the burglar say?

Hands **up!**

Similar Put your hands up!
Opposite Put your hands down.

9. Where do you put your hands?

I put my hands **up.**

Opposite I put my hands down.

up

10. Where is your name on the list?

⋯⋯ 최재원 ⋯⋯	↑ 김명가 ⋯⋯ ⋯⋯	
⋯⋯ 홍길동 ⋯⋯	최재원 ⋯⋯ ⋯⋯	
⋯⋯ 최정현 ⋯⋯	홍길동 ⋯⋯ ⋯⋯	
⋯⋯ 김솔래 ⋯⋯	최정현 ⋯⋯ ⋯⋯	
⋯⋯ 소토리 ⋯⋯	김솔래 ⋯⋯ ⋯⋯	
⋯⋯ 김명기 ⋯⋯	소토리 ⋯⋯ ⋯⋯	
⋯⋯ 최정은 ⋯⋯	최정은 ⋯⋯ ⋯⋯	
⋯⋯ 김지현 ⋯⋯	김지현 ⋯⋯ ⋯⋯	

My name is   high up   on the list.

Similar   My name is toward the top of the list. / My name is near the top of the list.

Opposite   My name is toward the bottom of the list. / My name is near the bottom of the list.

11. Where is the kite?

The kite is   up   in the sky.

Similar   The kite is flying up in the sky.

12. Where is it raining?

It's raining   up the mountain.

Tips!   'It's raining' 외에 'It's sunny, It's windy, It's cloudy, It's snowing' 등으로 다양하게 표현할 수 있습니다.

13. How do you stand?

I stand   **up.**

Opposite I sit down.

14. Where do you get up from?

I get up   **from my chair.**

Similar I stand up from my chair.
Opposite I sit down in my chair.

15. Where do you jump up from?

I jump up   **from my chair.**

Similar I spring up from my seat.

16. What do you do in bed?

I sit up   in bed.

Similar   I lie down in bed.

17. What do you do all night?

I sit up   all night.

Similar   I stay up all night.
Opposite   I sleep all night without waking up.
Tips!   'sit up'은 밤새 자지 않고 일어나 앉아 있는 상태를 의미합니다.

18. What do you climb?

I climb up   a ladder.

Opposite   I climb down a ladder.
Tips!   벽에 기대어 놓은 사다리를 올라간다면 'I climb up a ladder against the wall'이라고 하면 됩니다.

19. Where do you walk?

I walk   **up**   **a hill.**

Opposite   I walk down a hill.

20. Where do you go up?

I go   **up**   **the stairs.**

stairs

Opposite   I go down the stairs.

21. Where do you look?

I look   **up.**

Opposite   I look down.

22. Where do you see her walking?

I see her   **walking up and down.**

23. What escalator is this?

This is an up escalator.   /   **That is a down escalator.**

24. Where are they going?

They are going   **up**   **the alley.**

25. What do you walk up?

I walk   **up the hill**   **to town.**

Similar   I go up the hill to town.

26. Where do you drive up to?

I drive up   **from Busan**   **to Seoul.**

Similar   I drive from Busan up to Seoul.

27. Where does the fish swim?

The fish   **swims**   **up.**

Opposite   The fish swims down.

up

28. Where does the submarine come up?

The submarine **comes up** **to the surface of the water.**

Opposite The submarine goes down into the water.

29. Where do you climb up to?

I climb up **to the top** **of the house.**

Similar I clamber up to the top of the house.
Opposite I climb down from the top of the house.

30. Where does the cable car go?

The cable car **goes up** **to the top of the mountain.**

Opposite The cable car comes down from the top of the mountain.

31. How far are you on the mountain?

I am   **halfway up**   **the mountain.**

32. How is the rice?

The rice is   **coming up.**

33. When do plants come up?

Plants   **come up**   **in the spring.**

34. What happens to you as you age?

I grow   up.

Tips! 'grow up'이 이미 이루어진 상태인 'grown up'은 다 커서 성인이 된 것을 말합니다. 그래서 'a grown-up'은 'an adult'를 의미합니다. 그래서 'grown-up'은 'a grown-up woman'과 같이 형용사처럼 사용 될 수 있고, 'a grown-up, grown-ups'처럼 명사로 사용됩니다.

35. Where does the sun rise up?

The sun   rises up   over the horizon.

Opposite   The sun goes down over the horizon.

36. How is the temperature?

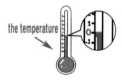

The temperature is   going up.

Opposite   The temperature is going down. / The temperature is coming down.

37. How does she feel?

Her temper is **up.**

Similar She is angry. / She is in a rage. / She is in a fury.

---

38. How is the price of oil?

The price of oil is **going up.**

Similar The price of oil is on the rise.
Opposite The price of oil is coming down.

---

39. When do you hit a ball?

I hit   **a ball**   **on the up.**

Similar I hit a ball up into the air.

40. What do you do?

I wake up.

Opposite   I go asleep. / I go to bed.

Tips!   'wake'는 'I wake up' 하면 내가 잠에서 깨는 것이지만 'I wake somebody up' 하면 내가 누군가를 잠에서 깨우는 것입니다.

---

41. Who do you wake up?

I wake my sister up.

Similar   I wake up my sister.(more common)

Opposite   I let my sister sleep.

---

42. What do you do in the river?

I sail up the river.

Opposite   I sail down the river.

43. What do you do in the river?

I row   **up the river.**

Opposite I row down the river.

---

44. How has he been in the ranks?

He moves up   **the ranks.**

Similar   He gets promoted.(more common) / He moves up in the ranks.
Opposite He moves down in the ranks.

---

45. How are you in the firm?

I move up   **in the firm.**

Opposite I move down in the firm.
Tips!   이 표현은 'I come up in the world'라는 표현처럼 회사에서 자신의 지위가 올라가는 것을 의미합니다.

46. Where do you go straight up to?

I go   straight up   to the door.

Similar   I walk straight up to the door.

47. What do you start?

I start up   the engine.

Similar   I start the engine.
Opposite   I stop the engine.

48. What do you turn up?

I turn   up   the radio.

Similar   I raise the volume of the radio.
Opposite   I lower the volume of the radio. / I turn down the radio.

49. Who does she bring up?

She brings up   a child.

Similar   She raises a child.

Tips!   'to bring up a child'는 아이를 기르고 양육하는 것을 의미합니다. 'to raise (up) a child'라고도 표현하는데 일반적으로 'bring up'을 더 많이 사용합니다.

50. What do you wrap yourself in?

I wrap myself up   in a coat.

Opposite   I take off my coat.

51. What do you store for the winter?

I store up   food   for the winter.

Similar   I lay up food for the winter.(less common) / I save food for the winter.

up

52. Who does the policeman turn up?

The policeman **turns up** **the lost boy.**

Similar   The policeman finds the lost boy.
Tips!   'turn up'은 'find'와 같은 의미를 가지고 있습니다.

53. What do you do with your pants?

I patch up **my pants.**

Similar   I fix my pants.
Opposite   I throw my pants into the trash bin.

54. What do you fold up?

I fold **up** **a letter.**

Opposite   I unfold a letter.

55. How much time is left?

Time is   up.

Similar   The time is over.

---

56. How do you drink?

I drink   up.

Similar   I drink to the last drop.

---

57. How do you eat?

I eat   up.

Similar   I eat all the food.

58. What do you do?

I pack   up.

Opposite   I unpack my bag.

59. What do you plug?

I plug   up   the hole.

Similar   I stop up the hole.(less common)

60. What do you do to the door?

I board   up   the door.

Similar   I shut up by boarding the door.

61. What do you nail?

I nail   **up**   **to the wall.**

Similar   I nail something up to the wall.

---

62. How do you pack a box?

I pack   **a box**   **up.**

Opposite   I unpack a box.

---

63. How is the fire?

The fire is   **burning up.**

Similar   The fire is burning out of control.(common) / The fire is burning briskly.

up

64. What do you clean?

I clean **up** **the room.**

Opposite   I make a mess in the room.
Tips!   'up'을 추가하면 'I clean the room'이라고 할 때보다 좀 더 완벽하게 청소를 끝낸다는 의미를 내포합니다.

65. How is the stream?

The stream is **dried** **up.**

Opposite   The stream is flooded.

66. How is the house?

The house is **burned** **up.**

Similar   The house is burnt up.
Tips!   'burned'와 'burnt' 모두 사용하는데 'burnt'가 영국 영어 표현에 가깝습니다.

67. What do you do to the fire?

I blow   **the fire**   **up.**

Similar   I blow up the fire.
Opposite   I blow the fire out.

---

68. What do you do to the desk?

I break   **up**   **the desk.**

Similar   I break the desk up into pieces.
Opposite   I make the desk.

---

69. What do you do to the paper?

I tear   **up**   **the paper.**

Similar   I tear the paper up.

70. What do you do with the fallen leaves?

I heap　　　　up　　　the fallen leaves.

Similar I pile up the fallen leaves.
Opposite I scatter the fallen leaves all over the ground.

71. What do you gather?

I gather　　　　up　　　the fallen apples.

Similar I collect the fallen apples.

72. How is the snow?

The snow　　　　has piled up.

Opposite The snow melts. / The snow disappears.

73. What do you dig?

I dig   **up**   **the ground.**

Opposite   I bury something in the ground.

---

74. What does the bomb do?

The bomb   **blows**   **up.**

Similar   The bomb detonates.(less common)

---

75. What do you pull up?

끼이익~

I pull up   **my car.**

Similar   I pull up in my car. / I stop my car.

Tips!   'pull up a car'는 '차를 세우다'라는 의미가 있습니다. 자동차가 생기기 전 말을 타고 다니던 시대에 고삐를 위로 잡아 당겨 말을 멈춰 세웠던 것에서부터 유래된 것입니다. 'pull over'도 거의 같은 의미를 가지고 있는데, 영화 속에서 경찰들이 차를 세울 때 'Pull over!'라고 말하는 것을 자주 볼 수 있습니다.

76. How do you lie?

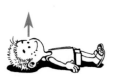

I lie   **face up.**

Similar   I lie flat on my back.
Opposite   I lie on my stomach. / I lie face down / I lie with my face down.
Tips!   'face up'은 얼굴을 위로 향한 것을 의미하므로, 'I lie face up'은 위를 보고 바로 누운 것을 뜻합니다. 반대로
             'I lie face down'은 엎드려 누운 것입니다.

---

77. How is the car?

The car is   **turned up.**

Similar   The car is turned upside down.(more common)

---

78. How is the score?

The score is   **up**   **5 points.**

Similar   The score is 5 up.(less common)

79. Who does he come to?

He comes **up** **to me.**

Similar   He comes close to me.
Opposite   He goes away from me.

---

80. Where do you walk to?

I walk **up** **to the wall.**

Similar   I go to the wall.

---

81. What do you lift up?

I lift **my head** **up.**

Similar   I raise my head.
Opposite   I lower my head.

up

82. What does she pull up?

She pulls up   **a weed.**

Similar   She picks a weed.

83. What do you put up?

I put up   **a flag.**

Similar   I raise a flag.
Opposite   I take down a flag.(more common) / I pull down a flag.

84. What do you pick up?

I pick   **up**   **a box.**

Similar   I take up a box.(less common)
Opposite   I put down a box.

85. What do you do with your socks?

I pull **my socks** **up.**

Similar   I pull on my socks. / I pull my socks on.
Opposite   I pull off my socks. / I pull my socks off. / I take off my socks.

86. What do you show him?

I show him **the way up.**

Opposite   I show him the way down.

87. What do you throw up?

I throw up my food.

Similar   I bring up my food.(less common) / I vomit.(common)

88. What do you put up?

I put up   a house.

Similar　I build a house.

Tips!　'put up'은 무언가를 세우거나 짓는 등의 이미지를 갖고 있습니다. 그래서 'put up a tent'라고 하면 텐트를 치는 것을 의미합니다. 'put up'만 따로 떼어 익히는 것보다는 'put up a house', 'put up a tent' 같은 표현들을 한 단어처럼 익히는 것이 실제 회화에 바로 쓰는 데 더 유리합니다.

89. What do you pick up?

I pick   up   the receiver.

Similar　I lift the receiver.

Opposite　I put down the receiver.

90. Where do you put the box?

I put the box   up there   on the rack.

Opposite　I take the box down from the rack.

91. Where is he?

He is up   at my place.

Similar   He is coming to my place.

92. How are you doing?

I'm coming up   in the world.

Similar   I come up in the world.
Tips!   'come up'의 기본 이미지는 '위로 올라간다'는 뜻이므로, 사회적으로는 신분이 상승하여 출세한다는 의미가 됩니다.

93. How is the tide?

The tide is   up.

Similar   It is high tide.(more common) / The tide is high.(common)
Opposite   It is low tide.(more common) / The tide is low.(common) / The tide is down.

94. How is the river?

The river is   **up**

Opposite   The river is down.

---

95. How does he speak?

He speaks   **up.**

Similar   He speaks out loud.
Opposite   He speaks in whispers.(more common) / He speaks in a whisper.

---

96. What do you do with a tire?

I pump up   **a tire.**

Similar   I inflate a tire.
Opposite   I flatten a tire. / I deflate a tire.

97. How is she in math?

She is well up   **in math.**

Similar   She moves up in math.(more common) / Her math scores are up.

---

98. What do you count to?

I count   **up to 10.**

Opposite   I count down to zero.

---

99. How is the temperature?

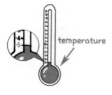

The temperature is   **up**   **10 degrees.**

Opposite   The temperature is 10 degrees below zero.

100. Where is the water?

The water is   **up to my knees.**

---

101. Where is she?

She is laid up   **with a cold.**

Similar   She is in bed with a cold.(more common)

---

102. How is the road?

The road is   **dug up.**

Similar   The road is under construction.

103. Where are you?

I am   **up the stream.**

Similar   I am upstream.(more common)
Opposite I am downstream.(more common) / I'm down the stream.

104. What do you save money for?

I save up money   **to buy a book.**

Opposite I spend all my money.

6. Before

01 Preview tips - before

1. 위치(장소 등)의 앞을 나타내는 전치사 before

ⓐ ~(의) 앞에, ~의 면전(눈앞)에

She walks

before him.

예시 There is a car before her. I turn right before the bank. She appears before the judge. He appears before the audience.

2. 시간(순서)상 앞(이전)을 나타내는 전치사 before

ⓐ [시간상으로] ~이전에, ~앞에

She comes

before lunch time.

예시 It's ten before 2. I saw her before 2 weeks ago. The day before yesterday.

ⓑ [순서, 계급, 우열상] ~보다 ~앞에(먼저)

His name is

before her name

on the list.

예시 He arrives before her. She is before all the other students in English. I put health before wealth.

before

02 Practice - before

1. Where is a car?

There is a car   **before her.**

Similar   There is a car in front of her.(more common)
Opposite   There is a car behind her.(more common) / There is a car after her.

2. When do you turn?

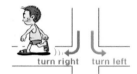

I turn right   **before the bank.**

Similar   I turn to the right at the bank. / I turn right at the bank.

3. What does she do to look for her dog?

She goes on before   **to look for**   **her dog.**

Similar   She keeps looking for her dog.(more common) / She continues to go forward to look for her dog.

4. When is the appointment?(By when do you have to get there?, When are you available?)

at 10 / before 10 / after 10

5. What time is it?

It's ten

before 2.

Similar It's 1:50 p.m. / It's 10minutes of two.

6. Until when will you stay here?

before May 11th(eleventh) / by May 11th(eleventh)

before

7. When did you see her?

I saw her before   2 weeks ago.

Similar   I saw her two weeks ago.(more common)

---

8. When was your birthday?   When is your birthday?

the day before yesterday   /   the day after tomorrow

---

9. When does she come?

She comes   before lunch time.

Opposite   She goes after lunch time.

10. When did she win a gold medal?

The year before last   she won a gold medal.

Similar   She won a gold medal two years ago.

---

11. Where does she walk?

She walks   before him.

Similar   She walks ahead of him.
Opposite   She walks after him.

---

12. Who does she appear before?

She appears   before the judge.

Similar   She appears in front of the judge.(more common) / She appears in front of court.(common) /
She appears before the court.

before

13. Who does he appear before?

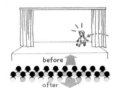

He appears   before the audience.

Similar   He appears in front of the audience.

14. Where is his name on the list?

His name is   before her name   on the list.

Similar   His name is before her name in the list.(less common)

15. When does he arrive?

He arrives   before her.

Similar   He is the first to arrive.

16. Who does she deliver a speech before?

She delivers a speech   before the audience.

Similar   She delivers a speech in front of the audience.(more common) / She makes a speech before the audience.

Tips!   '연설을 하다'라는 표현은 'deliver a speech, make a speech, give a speech' 등이 많이 사용됩니다.

17. How is she in English?

She is   before all the other students   in English.

Similar   She is ahead of all the students in English.

Opposite   She is poor in English.

18. Where do you put health?

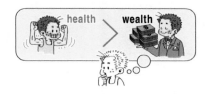

I put health before wealth.

Similar   I think health is more important than wealth.

Opposite   I put wealth before health.

before

19. When does she clean her shoes?

She cleans her shoes   **before going out.**

Similar   She cleans her shoes before she goes out.

7. From

01 Preview tips - from

1. 운동(이동, 출발점)을 나타내는 전치사 from

ⓐ ~에서, ~으로부터

A butterfly goes   **from flower**   **to flower.**

예시 I rise from a chair. I look at her from head to toe. I fly from Seoul to Tokyo.

2. 시간(수량, 가격)의 시작점을 나타내는 전치사 from

ⓐ ~에서, ~부터

I work   **from morning to night.**

예시 I count from 1 to 5. I take 3 from 7. Prices range from 2000 to 5000 won.

3. 분리됨(떨어져 나옴)을 나타내는 전치사 from

ⓐ ~에서, ~으로부터

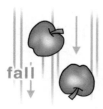

Apples fall

from the tree.

예시 He jumps down from the cliff. She parts from her friend. I pick a book up from the floor. Smoke rises from the chimney.

4. 두 지점 간의 간격을 나타내는 전치사 from

ⓐ ~에서, ~ 떨어진

He is away

from home.

예시 My house is five blocks from my school. The house is far away from here.

from

5. 원료(재료)를 나타내는 전치사 from

ⓐ ~으로, ~에서

Cheese is

made from milk.

예시 I make wine from grapes. Bread is made from wheat.

6. 원인(이유)을 나타내는 전치사 from

I get sick

from working overtime.

예시 I suffer from a cold. I faint from hunger. He dies from hunger.

02 Practice - from

1. What does he rise from?

a chair

He rises   **from a chair.**

Similar   He stands up from a chair.
Opposite   He sits down on a chair.

2. Where does a butterfly go?

goes

from flower

A butterfly goes   **from flower**   **to flower.**

Similar   A butterfly flies from flower to flower.

3. How do you look at her?

look at

I look at her   **from head to toe.**

Similar   I study her from top to bottom.

from

4. Where do you fly from?

I fly   from Seoul   to Tokyo.

Similar   I'm flying from Seoul to Tokyo. / I go by plane from Seoul to Tokyo.

---

5. What do you count from?

I count   from 1 to 5.

Opposite   I count from five to one.

---

6. How long do you work?

I work   from morning to night.

Similar   I work from morning 'til night.('til = until)

7. When did you graduate from college?

I graduated from college

in 2003(two thousand three).

8. How do the leaves change?

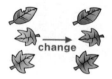

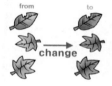

The leaves change

from green to brown.

Similar   The leaves turn red and yellow.

9. How much are the prices?

Prices range

from 2,000 to 5,000 won.

from

10. Where is a train running?

A train is running   **north**   **from Daegu.**

---

11. Where does he jump down?

He jumps down   **from the cliff.**

Similar   He jumps off the cliff.
Tips!   여기서는 'from the cliff' 대신에 'off the cliff'로 바꾸어서 쓸 수 있습니다.

---

12. What falls from the tree?

Apples fall   **from the tree.**

Similar   Apples fall off the tree.

257

13. What is hanging from the ceiling?

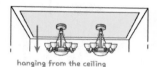

hanging from the ceiling

There are 2 chandeliers   hanging from the ceiling.

Similar   Two chandeliers are hanging from the ceiling.

14. Where does smoke rise from?

rises

from the chimney

Smoke rises   from the chimney.

Similar   Smoke goes up from the chimney.

Tips!   'Smoke goes up the chimney'라고 하면 굴뚝을 따라서 올라가는 것을 말하고, 굴뚝에서 나오면 'from the chimney'라고 표현한다는 것을 알아 두세요.

15. Who does she part from?

Bye-bye!

Bye-bye!

from her friend

She parts   from her friend.

Similar   She parts ways with her friend.(more common) / She says goodbye to her friend.

from

16. What do you pick up?

I pick a book up

from the floor.

Opposite I drop a book on the floor.

---

17. Where do you get down from?

I get down

from the stage.

Opposite I get on the stage.

---

18. Where is he?

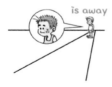
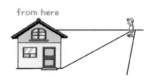

He is away

from home.

Opposite He is at home.

19. Where do you meet her?

I meet her   **on my way home from school.**

Similar   I meet her on my way home.
Opposite   I meet her on my way to school.
Tips!   'on my way home'은 '집으로 가는 중'이라는 의미입니다. '학교에 가는 중'은 'on my way to school'이라고
해야 합니다. 일반적으로 'home' 앞에는 전치사가 오지 않고 'to go home'처럼 쓰입니다.

20. Where is your house?

My house is   **5 blocks**   **from here.**

Tips!   한국어로 내가 사는 집을 '우리 집'이라고 표현하는 방식 때문에 영어로도 'our house'라고 하는 경우가
있는데, 한집에 같이 사는 식구 사이가 아니라면 영어로는 반드시 'my house'로 표현해야 합니다. 이 문장을
'our house'로 상대방에게 말한다면 '우리가 살 집은 5블럭 가면 있어'라는 의미가 될 수도 있습니다.

21. Where is the house from here?

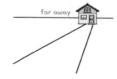   

The house is far away   **from here.**

Opposite   The house is close from here. / The house is near here.

22. What does the robber steal?

The robber **steals the bag** **from the girl.**

Similar The robber takes the bag from the girl.

23. What do you take from 7?

 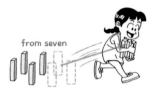

I take 3 **from 7.**

24. What do you take out?

I take my wallet out **from my pocket.**

Opposite I put my wallet in my pocket.

Tips! 'wallet'은 남성용 지갑, 'purse'는 여성용 지갑으로 알고 있지만, 실제 'wallet'은 납작한 형태의(현금, 카드 등을 수납하는) 지갑을 말합니다. 'purse'는 비틀어서 여는 불룩한 모양의 옛날 여성 지갑 또는 핸드백을 연상하면 됩니다. 요즘은 여자들도 'wallet'을 많이 가지고 다녀서 남녀 구별이 없이 사용되지만, 'purse'는 주로 여성용입니다.

25. Who do you get a letter from?

I get a letter   **from my parents.**

Similar   I receive a letter from my parents.

---

26. What do you suffer from?

I suffer from a cold.

Similar   I catch a cold.

---

27. Why do you faint?

I faint   **from hunger.**

Similar   I faint with hunger.
Opposite   I am full.

from

28. How does he die?

He dies · · · from hunger.

Similar He dies with hunger. / He starves to death.

Tips! 가끔 'of' 자체만으로도 'from'의 의미를 갖는 경우가 있습니다. 때문에 'die from hunger'는 'die of hunger'로 바꾸어 쓸 수 있습니다.

29. Why do you get sick?

I get sick · · · from working overtime.

Similar I get sick from working too much.(more common) / I get ill from overwork.

30. What do you recover from?

I recover · · · from illness.

Similar I recover from my sickness.

Opposite I get sick again.

31. What do you paint from?

a still-life model

I paint   using a still-life model.

Similar I draw still-life painting. / I paint still-lifes.(more common) / I draw still-lifes.(common)
Tips! 'I paint from a still-life model.'란 문장이 잘 안 쓰이는 형태라 더 많이 사용되는 문장으로 바꾸어서 'from'이 없는 형태가 되었습니다.

32. What is cheese made from?

from milk

Cheese is   made from milk.

Tips! 영문법에서는 'made of, made from'을 물리적, 화학적 변화 별로 구분짓곤 하는데, 실제 원어민들은 그런 내용을 알지 못합니다. 화학적 변화라고 생각하고 'from'을 선택하는 것이 아니라 'cheese, milk'를 'made from'과 함께 늘 써왔기 때문에 자연스럽다고 느끼는 것뿐입니다. 'made of, made from'이 어떤 단어들과 어울려 사용되는지 관찰하고 함께 붙여서 익혀두어야 합니다.

33. How do you make wine?

from

I make wine   from grapes.

Similar I make wine out of grapes.

34. What is bread made from?

Bread is   **made from wheat.**

---

35. Where does she speak from?

She speaks   **from behind the door.**

Tips! 두 개의 전치사가 연이어 오면 틀렸거나 이상하다고 보는 경우가 많은데, 'from the door'와 'behind the door'의 의미를 합쳐서 'from behind the door'라고 표현하기도 합니다.

---

36. Where does a cat come out?

A cat comes out   **from under the table.**

Opposite A cat goes under the table.
Tips! 'A cat comes out from under the table'에서 'out from under' 식으로 줄줄이 나와서 이해하기 어려울 수 있지만, 'A cat comes out / from under the table'처럼 잘라서 이해하면 쉽습니다. 여기서 'out'은 전치사가 아니라 동사를 보조해 주는 부사가 됩니다.

37. What do you take out?

I take out a box **from under the bed.**

Opposite I hide a box under the bed.

8. About

01 Preview tips - about

1. 주제(목적)를 나타내는 전치사 about

ⓐ ~에 관하여(관한), ~에 대해

I talk

about my family.

예시 I talk about her. I lecture about English. This is a book about skiing.

2. 주위(둘레)를 나타내는 전치사 about

ⓐ ~주위(둘레)에

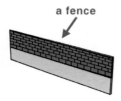

There is a fence

about the house.

예시 People are standing about the table. There are people about her. She is wearing a shawl about her shoulders.

3. 여기저기(도처에, 사방에)를 나타내는 전치사 about

ⓐ ~의 여기저기로, ~의 도처에

I walk   about   the city.

예시 Look about you. I look about the room. I scatter papers about the room. There are 3 oases about the desert.

4. 'About'의 부사적, 형용사적 용법

ⓐ [수사와 함께] 대략(around), 약, 거의

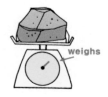

The rock weighs

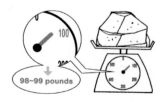

about 100 pounds.

예시 She is about my size. It's about noon. It's about lunchtime. It's about 3 o'clock. It costs about 20 dollars.

about

ⓑ 여기저기에, 사방에

The baby throws his toys   about.

예시 Influenza is about. I look about. I'm searching about for the lost bike.

ⓒ 방향을 바꾸어, 거꾸로

He turns the boat   about.

예시 About turn! About face!

ⓓ [부정사와 함께] 지금 막 ~하려고 하는

The bus is about to leave.   The bus leaves.

예시 He is about to run.

02 Practice - about

1. Who do you talk about?

I talk   **about her.**

Similar   I speak about her.

2. Who do you talk about?

I talk   **about my family.**

Similar   I speak about my family.

3. What do you lecture about?

I lecture   **about English.**

Similar   I lecture on English.(more common) / I teach English.

about

4. What is this book about?

This is a book   about skiing.

Similar　This is a book on skiing.

---

5. What book is there?

There is a book   about animals.

Similar　There is a book on animals.(more common)

---

6. What are you writing about?

I am writing   about animals.

Similar　I am writing a book on animals.

7. What do you ask when someone looks happy?

What are you so happy about?

Similar   Why are you so happy?(more common)
Opposite   Why are you go sad about?

8. How big is she?

She is   about my size.

Similar   She is almost my size.
Tips!   'about my size'는 체형이나 키 등 여러 가지 신체적인 조건이 서로 비슷한 경우에 표현한 것이고, 'about my height'는 키만 중점적으로 비교한 것입니다.

about

9. How old is she?

She is   about my age.

Similar   She is almost my age.

10. What time is it?

It's about noon. / **It's noon.**

Similar   It's almost noon.

11. What time is it?

It's about lunchtime.

Similar   It's almost lunchtime.(more common)

12. What time is it?

It's about 3 o'clock. / **It's 3 o'clock.**

Similar   It's almost 3 o'clock.

13. How much does it cost?

It costs about 20 dollars. / It costs 20 dollars.

Similar   It costs almost 20 dollars.

---

14. How much does the rock weigh?

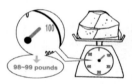

The rock weighs   about 100 pounds.

Similar   The rock weighs almost 100 pounds.

---

15. Where are people standing?

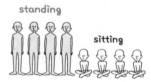

People are standing   about the table.

Similar   People are standing around the table.(more common)
Opposite   People are standing in line.
Tips!   여기서 'about the table'은 'around the table'과 의미가 같습니다. 일반적으로 이런 문장에서는 'around'를 더 많이 사용하지만 'about'이 'around'와 같은 표현으로도 쓰일 수 있다는 것을 알아둘 필요가 있습니다.

about

16. Where are people?

There are people   **about her.**

Similar   There are people around her.(more common)

---

17. Where is a fence?

There is a fence   **about the house.**

Similar   There is a fence around the house.(more common)

---

18. Where do you look?

I look   **about.**

Similar   I look around.(more common)

19. Where do I look?

Look **about you.**

Similar   Look around you.(more common)

---

20. Where do you look?

I look **about the room.**

Similar   I look around the room.(more common)

---

21. Where do you walk about?

I walk **about** **the city.**

Similar   I walk about the city.(more common)

about

22. Where do you scatter papers?

I scatter papers　　　　**about the room.**

Similar　I scatter papers around the room.(more common)

23. How many oases are there?

There are 3 oases　　　　**about the desert.**

Similar　There are 3 oases in the desert.(more common)

24. Does the bus leave?

The bus is about to leave.　/　**The bus leaves.**

Tips!　'be about to'는 'be to'에 'about'이 추가된 표현입니다. 'The bus is to leave'라고 하면 '버스가 떠난다'는 의미가 되고, 여기에 'about'이 더해지면 지금은 출발하지 않은 상황이지만 잠시 후에 떠날 것이라는 의미가 됩니다.

25. What is he doing?

He is about to run. / **He is running.**

26. How is the influenza?

Influenza is **about.**

Similar The flu is going around.(more common) / Flu gets about.

27. Where do you go about?

I go about **the world.**

Similar I travel all around the world.(more common) / I go around the world.

28. Where does the baby throw his toys?

The baby throws his toys   about.

Similar   The baby throws his toys around.(more common) / The baby throw his toys here and there.
Opposite   The baby puts away the toys in one place.

29. What are you searching about for?

I'm searching about   for the lost bike.

Similar   I'm looking around for the lost bike.(more common)

30. Where are the kids running about?

The kids are running about   in the yard.

Similar   The kids are rushing about in the yard. / The kids are running around in the yard.(more common)

31. Where is she wearing a shawl?

She is wearing a shawl   about her shoulders.

Similar   She is wearing a shawl around her shoulders.(more common)

---

32. What do you say when you want someone to turn and face you?

About turn!

Similar   Turn around!(more common)

---

33. What do you say when you want two people to face each other?

About face!

Similar   Turn your face around!(more common)

Tips!   'About turn, About face'는 일반적으로 군대 제식훈련 시 하는 명령인데 둘 다 '뒤로 돌아'를 의미합니다.
군대 내에서는 자주 사용되지만 평범한 일상생활에서는 자주 듣기 어려운 표현입니다.

about

34. What does he do with the boat?

He turns the boat   about.

Similar   He turns the boat around.(more common)

35. What do you ask if someone acts unusual?

What are you about?

Similar   What are you doing?(more common)

9. Against

01 Preview tips - against

1. 반대(반항)를 나타내는 전치사 against

ⓐ ~에 반대하여, ~에 맞서

I fight

against the man.

예시 I fight against the robber. He cries out against her proposal.

ⓑ ~에 거슬러, ~에 반하여

I swim

against the current.

예시 The wind is blowing against me. I walk against the wind. I cross the street against the traffic signals.

ⓒ ~에 부딪히는, ~에 충돌하는

Waves dash

against a rock.

예시 I run against the door. I bump against her. A dog bumps its head against the wall. A boat bumps against a rock.

ⓓ ~에 불리한

I inform

against him.

against

2. 바싹 붙여 기대거나 의지함을 나타내는 전치사 against

ⓐ ~에 기대어, ~에 대고

I place my ear

against the door.

예시 I lean against the door. I lean against her shoulder. I stand with my back against the tree. I press my cheek against the window.

ⓑ ~에 기대어 세우고, ~에 바싹 붙여

I put a bicycle

against the wall.

예시 I put a stick against the wall. There is a dresser against the wall.

3. 대비(예방)를 나타내는 전치사 against

ⓐ ~을 대비(예방)해서

I save money

against my retirement.

예시 I put on my coat against the cold.

4. 배경(대조)을 나타내는 전치사 against

ⓐ ~을 배경으로, ~와 대조적으로

I have my picture taken

against the setting sun.

예시 There is a tree against the blue sky. I spit against heaven. It is 3 against 7.

against

02 Practice - against

1. What is the wind blowing against?

The wind is blowing   **against me.**

Similar   The wind is against me. / I face the wind.

---

2. How do you walk?

I walk   **against the wind.**

Similar   I walk in the teeth of the wind.(more common) / I walk in the wind's eye.
Opposite   I walk with the wind.

---

3. How do you swim?

I swim   **against the current.**

Opposite   I swim with the current.

4. Who do you fight against?

I fight against the man.

Similar   I fight with the man.
Opposite   I get along well with the man.
Tips!   'fight with a person'도 '어떤 사람과 싸우다'라는 의미가 있지만, 'fight against a person'이라고 하면 'against'에 의해 좀 더 대항해서 싸우는 이미지가 추가됩니다.

5. Who do you fight against?

I fight against the robber.

Similar   I fight with the robber.

6. Why do you put on your coat?

I put on my coat against the cold.

Similar   I put on my coat to protect myself from the cold.(more common) / I put on my coat to protect myself against the cold.
Opposite   I take off my coat against the heat.

against

7. Where do you lean?

I lean   against the door.

Similar   I lean on the door.
Tips!   어딘가에 몸이나 뭔가를 기대어 놓을 때 'lean against' 처럼 'against'를 사용하는 것에 익숙해지도록 합시다.
'Don't lean against the door'는 엘리베이터나 지하철을 타면 볼 수 있는 경고 문구입니다.

8. Where do you lean?

I lean   against her shoulder.

Similar   I lean on her shoulder.

9. How do you sit?

I sit   leaning   against the tree.

Similar   I sit leaning on the tree.

10. Where do you put a stick?

I put a stick

against the wall.

Similar   I rest a stick against the wall.

11. How do you stand against a tree?

I stand   **with my back**   **against the tree.**

Opposite   I stand facing the tree.

12. Where do you place your ear?

I place my ear

against the door.

Similar   I press my ear against the door.

against

13. Where do you press your cheek?

I press my cheek against the window.

Similar I flatten my check against the window.

14. What are you pushing against?

I am pushing against the tree.

Tips! 'push the tree'라고 표현해도 되지만 'against'를 추가하면 좀 더 나무에 저항해서 강하게 밀어 붙인다는 의미가
됩니다. 만약 'push a table against the tree'라고 하면 '탁자를 나무 쪽으로 밀어 붙인다'는 뜻이 됩니다.

15. Where do you put a bicycle?

I put a bicycle against the wall.

16. What do waves dash against?

Waves dash   **against a rock.**

Similar   Waves hit against a rock.

17. What do you run against?

I run   **against the door.**

Similar   I run into the door.

18. Who do you bump against?

I bump   **against her.**

Similar   I bump into her.

against

19. What does a dog bump its head against?

A dog bumps its head **against the wall.**

Similar A dog bumps into the wall.

20. What does a boat bump against?

A boat **bumps** **against a rock.**

Similar A boat bumps on a rock.

21. What does your car collide against?

My car **collides** **against the tree.**

Similar My car collides with the tree.

22. What does he raise his voice against?

He raises his voice   **against my idea.**

Opposite He lowers his voice.(more common) / He drops his voice. / He sinks his voice(less common)

23. What does he cry out against?

He cries out   **against her proposal.**

Similar He doesn't agree with her proposal.
Opposite He agrees with her proposal.

24. How do you cross the street?

I cross the street   **against the traffic signals.**

Similar I cross the street against the lights.
Opposite I wait for the traffic light to change.

against

25. What is there a regulation for?

There is a regulation   **against smoking.**

Similar   There is a regulation on smoking.

26. Where is a dresser?

dresser

There is a dresser   **against the wall.**

27. What is there against the blue sky?

There is a tree   **against the blue sky.**

Tips!   'against the blue sky'라고 하면 파란 하늘을 배경으로 하고 있다는 의미가 됩니다.

28. What do you spit against?

I spit   against heaven.

Opposite I swallow my spit.

29. How is your picture taken?

I have my picture taken   against the setting sun.

Similar   I take a picture against the setting sun.(common)
Opposite I take a picture against the rising sun.

30. What do you do against your retirement?

I save money   against my retirement.

Similar   I save money for my retirement.
Opposite I spend all my money.

against

31. Who do you inform against?

I inform   **against him.**

Similar   I report him to the police.(more common)

---

32. What is the score?

It is 3   **against 7.**

Tips!   'The score is 3 to 7'이라고 하면 그냥 점수를 말하는 것이 되지만, '3 against 7'이라고 하면 7대 3으로 우리가 지고 있다는 의미가 됩니다.

10. After

01 Preview tips - after

1. 시간(순서)상 뒤를 나타내는 전치사 after

ⓐ [지정된 시점] ~의 뒤에, ~에 뒤이어

The kids are   **playing war**   **after lunch.**

> 예시 I go out after dark. After 2 hours I'll go home. Let's meet the week after next. I am tired after the long walk.

ⓑ [사람] ~의 뒤에, ~에 뒤이어

I shut the door   **after her.**

> 예시 She shouts after him. I clean up the room after the children.

ⓒ [순서, 중요도상으로] ~의 뒤에, ~에 뒤이어

I'm the tallest

after Sotori.

예시 My name is after his name on the list. I put the number after 4. They are throwing stones one after the other. After you.

2. 계속(반복)을 나타내는 전치사 after

ⓐ ~에 계속하여, ~씩이나

I tell her

not to be late

time after time.

예시 I go fishing day after day. I go abroad year after year. Car after car is passing by me.

after

3. 모방(본받음)의 의미를 나타내는 전치사 after

ⓐ ~을 본 뜬, ~을 따른

I was named Scott   **after my grandfather.**

예시 She is a singer after my own heart.

4. 목적(추구)을 나타내는 전치사 after

ⓐ ~의 뒤를 쫓아서, ~을 찾아

The policeman is   **running**   **after a thief.**

예시 Come after me! I run after him with a ball.

5. 관심을 나타내는 전치사 after

ⓐ ~에 대해, ~의 형편을

She asks

after his parents.

예시 I look after a child.

02 Practice - after

1. When do you go out?

I go out   **after dark.**

Similar   I go out after sundown.
Opposite   I go out before dark.

2. When will you go home?

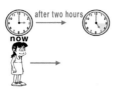

After 2 hours   **I'll go home.**

Similar   I'll go home in 2 hours.(more common)

3. How often do you go fishing?

I go   **fishing**   **day after day.**

Similar   I go fishing everyday. / I like fishing.
Opposite   I don't like fishing.

4. How often do you go abroad?

I go abroad   year after year.

Similar   I go abroad every year.

---

5. How often do you tell her not to be late?

I tell her   not to be late   time after time.

Similar   I tell her not to be late time and time again.(common) / I tell her not to be late over and over again.(more common)

---

6. When is your birthday?

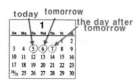 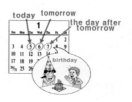

The day after tomorrow is   my birthday.

Similar   My birthday is in two days.
Opposite The day before yesterday was my birthday. / My birthday was two days ago.

7. When was your birthday?

The day before yesterday was   my birthday.

Similar   My birthday was two days ago.
Opposite The day after tomorrow is my birthday. / My birthday is in two days.

8. When shall we meet?

Let's meet   the week after next.

Similar   Let's meet in two weeks.
Opposite We met the week before last. / We met two weeks ago.

9. When are the kids playing war?

The kids are   playing war   after lunch.

Similar   The kids are playing soldiers after lunch.

10. What time is it?

It's ten   **after 9**   **in the morning.**

Similar   It's 9:10 a.m.(9:10 = nine ten)

---

11. Who is the next tallest?

I'm the tallest   **after Sotori.**

Similar   I'm the next tallest after Sotori.
Opposite   I'm the shortest of all.

---

12. Where is your name on the list?

이름 : 소토리

My name is   **after his name**   **on the list.**

Similar   My name comes after his name on the list.
Opposite   My name comes before his name on the list.

after

13. Where do you put the number five?

I put   the number 5   after 4.

Opposite   I put the number 5 before 4.

14. How are they throwing stones?

They are throwing stones   one after the other.

Similar   They are throwing stones one by one. (2 people)
Tips!   'one after the other'는 두 사람이 차례로 번갈아서 어떤 동작을 하는 것을 나타낼 때 사용됩니다.

15. How are they throwing stones?

 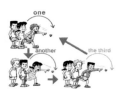

They are throwing stones   one after another.

Similar   They are throwing stones one by one. (3 people and over)
Tips!   'one after another'는 세 사람 이상의 사람들이 차례로 번갈아서 어떤 동작을 할 때 사용하는 표현입니다.

16. What is passing you?

Car after car is   **passing**   **by me.**

Similar   Car after car is running by me.

17. How are the ducks walking?

Ducks are walking   **in a line**   **one after another.**

18. When are you tired?

I am tired   **after the long walk.**

Similar   I am tired after I walk for a long time.

after

19. When does the house fall down?

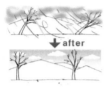 

After a storm   the house falls down.

Similar   The house falls down in a storm.

---

20. Where do I go?

Come after me!

Similar   Follow me!
Opposite   Go your way! / Go on your way!

---

21. When do you shut the door?

I shut the door   after her.

Similar   I shut the door behind her.(more common)
Opposite   I open the door for her.

22. When do you get up?

3~4 minutes
After a while

3~4 minutes
After a while

After a while

I get up.

Similar After a few minutes I get up.
Opposite After a while I sit down.

---

23. What do you say when you'd like someone to go first?

You, first!

After you.

Similar Please, go first.
Opposite I'll go first.

---

24. Can you help me look for someone?

Who are you after?

Who are you after?

Similar Who are you looking for?(more common)

after

25. Who does she shout after?

She shouts   **after him.**

Similar   She shouts to him.

26. How do you run after him?

I run   **after him**   **with a ball.**

Similar   I follow him with a ball.(more common)

27. Who is the policeman running after?

The policeman is   **running**   **after a thief.**

Similar   The policeman is chasing after a thief.

28. When do you clean up the room?

I clean up   **the room**   **after the children.**

Similar   I clear out the room after the children.

---

29. What kind of singer is she?

She is a singer   **after my own heart.**

Similar   She is a singer I like.(more common)
Tips!   이상형을 말할 때 이렇게 표현합니다. ex) He is a man after my own heart.

---

30. Who are you named after?

I was named Scott   **after my grandfather.**

Similar   My name is Scott after my grandfather.

after

31. How do you ask someone what they'd like for dissert?

What do you want afterward?

Similar   What do you want for dessert?(more common) / What do you want for afters?

---

32. When does he enjoy fishing?

In his after years   he enjoys fishing.

Similar   He enjoys fishing in his old age.(more common)
Opposite   In his early years he doesn't enjoy fishing.

---

33. What does she ask?

She asks   after his parents.

Similar   She asks about his parents.(more common) / She inquires after his parents.
Tips!   'ask' 대신에 'inquire'를 사용하기도 하는데 같은 의미지만 일반적으로 'ask after a person'의 형태로 가장
많이 사용됩니다. 안부를 전해 달라고 할 때는 'Say hello(hi) to someone' 식으로 표현합니다.

11. Within

01 Preview tips - within

1. 공간 내부를 나타내는 전치사 within

ⓐ ~의 내부(안)에, ~속에

The princess is

castle

within the castle.

예시 I go within the room. A cry comes from within the room. I park my car within the fence. I can see within the body.

2. 한계(범위 이내)를 나타내는 전치사 within

ⓐ [장소, 시간, 거리] ~이내에, ~을 넘지 않고

The school is

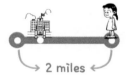

2 miles

within 2 miles

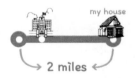

my house

2 miles

of my house.

예시 He is coming here within 10 minutes. She is within hearing distance. He is within reach.

3. Within의 부사적, 명사적 용법

ⓐ 부사 within: [문어적 표현으로서] 속에, 안에, 내부는

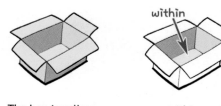
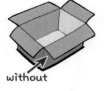

The box is yellow   within   and blue without.

ⓑ 명사 within: [문어적 표현으로서] 안, 내부

The door   opens   from within.

02 Practice - within

1. Where do you go?

I go   **within the room.**

Similar   I go inside the room. / I get in the room.(more common)
Opposite   I go outside.(more common) / I go out of the room.
Tips!   'within 10 minutes'처럼 'within'이 시간적인 의미로 사용되는 경우는 흔히 볼 수 있는데 반해, 위의 문장처럼 내부의 공간적인 의미로 사용되는 경우는 흔하지 않습니다. 하지만 'within'이 이런 공간적인 의미도 갖고 있다는 점을 알아두면 문어체를 접할 때 용이합니다.

2. Where does a cry come from?

A cry comes   **from within the room.**

Similar   A cry comes from inside the room.(more common)

3. Where do you park your car?

I park my car   **within the fence.**

Similar   I park my car inside the fence.(more common) / I park my car within the boundary.(less common)

4. Where is the princess?

The princess is   **within the castle.**

Similar   The princess is inside the castle.(more common)

5. What's the temperature like?

Pan

It's cold outside   **but warm within the house.**

Similar   It's cold outside but warm inside.(more common)

6. Where does the door open?

The door   **opens**   **from within.**

Similar   The door opens from inside.(more common)
Opposite   The door opens from outside.

within

7. What color is the box?

The box is yellow   within   and blue without.

Similar   The box is yellow inside and blue outside.(more common)

8. What do you see?

I see   within the body.

Similar   I see inside the body.

9. How far is the school?

The school is   within 2 miles   of my house.

Similar   The school is within 2 miles from my home.

10. When is he coming here?

 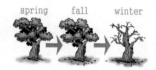

He is coming here   **within 10 minutes.**

Opposite   After 10 minutes, he is coming here.

---

11. How close is she?

She is within hearing distance. / She isn't within hearing distance.

Similar   She is in hearing distance.
Opposite   She is out of hearing distance.

---

12. How close is he?

He is within reach.   /   He isn't within reach.

Similar   He is in reach.
Opposite   He is out of reach.

within

해설

1. In

1. 어디에 사세요?   저는 서울에 삽니다.

2. 그는 어디를 여행 중인가요?   저는 한국을 여행 중입니다.

3. 아이들은 어디에서 놀고 있나요?   아이들이 뜰에서 놀고 있습니다.

4. 그녀는 어디에 있어요?   그녀는 부엌에 있습니다.

5. 그 학생은 어디에 있나요?   그는 수업 중입니다.

6. 그녀는 어디에서 키가 가장 큰가요?   그녀는 반에서 키가 가장 큽니다.

7. 당신은 어디로 들어가나요?   저는 방으로 들어갑니다.

8. 그는 어디에 있나요?   그는 학교에 있습니다.

9. 당신은 어디로 들어가나요?   저는 차 안으로 들어갑니다.

10. 당신은 그녀를 어디로 데려가나요?   저는 그녀를 내 차로 데리고 갑니다.

11. 당신은 돈을 어디에 넣나요?   저는 주머니에 돈을 넣습니다.

12. 당신은 돌을 어디에 던져 놓나요?   저는 분수에 돌을 던져 넣습니다.

13. 그 노인은 손에 무엇을 가지고 있나요?   노인이 손에 지팡이를 가지고 있습니다.

14. 거기에 어떤 사람이 있나요?   입에 담배를 문 남자가 있습니다.

15. 당신의 이름은 어디에 있나요?   내 이름은 전화번호부에 있습니다.

16. 당신은 단어를 어디서 찾고 있나요?   저는 사전에서 단어 하나를 찾는 중입니다.

17. 당신은 어디에 앉나요?   저는 의자에 앉습니다.

18. 당신은 어디에 앉나요?   저는 그늘에 앉습니다.

19. 당신은 어디에 앉나요?   저는 햇볕이 드는 곳에 앉습니다.

20. 당신들은 무엇을 맞으며 걷고 있나요?   우리는 눈을 맞으며 걷습니다.

21. 당신들은 무엇을 맞으며 걷고 있나요?   우리는 비를 맞으며 걷습니다.

22. 그녀는 어디에 있나요?   그녀는 침대에 있습니다.

23. 그녀는 왜 침대에 누워 있나요?   그녀는 감기 때문에 침대에 누워 있습니다.

24. 그의 건강은 어떤가요?   그는 건강합니다.

25. 그의 건강은 어떤가요?   그는 건강이 좋지 않습니다.

26. 그녀는 무슨 색을 입고 있나요?   그녀는 빨간 옷을 입고 있습니다.

27. 그녀는 어떤 색 슬리퍼를 신고 있나요?   그녀는 빨간 슬리퍼를 신고 있습니다.

28. 그녀는 무슨 색 신발을 신고 있나요?   그녀는 빨간 신발을 신고 있습니다.

29. 그녀는 무엇을 입고 있나요?   그녀는 누더기를 입고 있습니다.

30. 거기에는 어떤 소녀가 있나요?   안경을 쓰고 있는 소녀가 있습니다.

31. 거기에는 어떤 사람이 있나요?   파란 넥타이를 한 남자가 있습니다.

32. 검은 정장을 입은 사람들이 얼마나 있나요?   검은 옷을 입은 두 사람이 있습니다.

33. 어떠세요?   저는 바쁩니다.

34. 그녀는 어때요?   그녀는 울고 있습니다.

35. 그는 어느 쪽 눈을 보지 못하죠?   그는 왼쪽 눈을 보지 못합니다.

36. 그녀의 무슨 일을 하나요?   그녀는 사업을 하고 있습니다.

37. 당신은 여가 시간을 어떻게 보내나요?   저는 햇빛 아래에서 책을 읽으며 여가 시간을 보냅니다.

38. 그녀는 어떻게 노래를 부르고 있나요?   그녀는 큰 소리로 노래를 부르고 있습니다.

39. 당신은 사진을 어떻게 프린트하고 있어요?   저는 사진을 칼라로 프린트합니다.

40. 당신은 어떤 언어로 편지를 쓰세요?   저는 영어로 편지를 씁니다.

41. 그녀는 무슨 언어로 말하나요?   그녀는 영어로 말합니다.

42. 당신은 그녀와 무엇을 하고 있나요?   저는 그녀와 대화를 하고 있습니다.

43. 너비가 어떻게 되죠?   너비는 5피트입니다.

44. 그는 어디에 있나요?   그는 군복무 중입니다.

45. 당신들은 언제 소풍을 가나요?   우리는 봄에 소풍을 갑니다.

46. 당신은 언제 태어났어요?   저는 1970년도에 태어났습니다.

47. 당신의 생일은 언제죠? 　　　　　내 생일은 5월입니다.

48. 아침 몇 시입니까? 　　　　　　오전 5시입니다.

49. 오후 몇 시입니까? 　　　　　　오후 5시입니다.

50. 그는 몇 살이죠? 　　　　　　그는 10대입니다. / 그는 50대입니다.

51. 그 버스는 언제 출발하죠? 　　　그 버스는 10분 있으면 출발합니다.

52. 당신들은 어떻게 서 있나요? 　　우리는 원형을 이루어 섭니다.

53. 당신들은 어떻게 서 있나요? 　　우리는 한 줄로 섭니다.

54. 당신들은 어떻게 앉아 있나요? 　우리는 그룹을 지어서 앉습니다.

55. 당신들은 어떻게 앉아 있나요? 　우리는 원형을 지어 앉습니다.

56. 그녀는 언제 당신의 흉을 보나요? 　그녀는 내가 없을 때 내 흉을 봅니다.

57. 당신들은 왜 악수를 하나요? 　　우리는 작별 악수를 합니다.

58. 당신은 사과를 어떻게 자르죠? 　저는 사과를 두 개로 자릅니다.

59. 당신은 책을 어떻게 정돈하나요? 　저는 책을 알파벳순으로 놓습니다.

60. 책들은 어떻게 되어 있나요? 　　그 책들이 반듯하게 정돈되어 있습니다.

61. 그는 어떻게 그림을 그리나요? 　그는 연필로 그림을 그립니다.

62. 당신은 그 편지로 무엇을 하나요? 　저는 그녀의 편지에 답장을 쓰고 있습니다.

63. 무엇이 들어오고 있나요? 　　　비행기가 들어오고 있습니다.

64. 편지가 어디에 있나요? 　　　　편지가 들어 있습니다.

65. 무슨 계절이 왔나요? 　　　　　겨울이 왔습니다.

66. 당신은 어디에 광고를 올리나요? 　저는 신문에 광고를 올립니다.

67. 당신은 그녀의 사진을 어디에서 보나요? 　저는 신문에서 그녀의 사진을 봅니다.

68. 그 소설에는 몇 명의 인물이 등장하나요? 　이 소설에는 3명의 등장인물이 있습니다.

69. 당신은 어디에 있는 문장을 보나요? 　저는 두 번째 장에 있는 문장을 봅니다.

70. 당신의 이름은 어디에 있나요? 　　내 이름이 목록에 있습니다.

71. 그는 기분이 어떤가요? 　　　　그는 기분이 좋습니다.

72. 그는 기분이 어떤가요? 그는 기분이 좋지 않습니다.

73. 당신의 기분은 어떤가요? 저는 기분이 좋습니다.

74. 당신의 기분은 어떤가요? 저는 기분이 좋지 않습니다.

75. 그녀는 왜 비명을 지르나요? 그녀는 고통에 비명을 지릅니다.

76. 그는 왜 비명을 지르나요? 그는 고통에 울부짖습니다.

77. 그는 어떤 상태인가요? 그는 쇼크 상태입니다.

78. 그녀는 왜 소리를 지르나요? 그녀는 놀라서 소리를 지릅니다.

79. 그들은 왜 소리를 지르나요? 그들은 흥분해서 소리를 지릅니다.

80. 그녀는 어떤 기분인가요? 그녀는 몹시 화를 내고 있습니다.

81. 그는 어떤가요? 그는 곤경에 처해 있습니다.

82. 그녀는 어떤가요? 그녀는 혼란에 빠져 있습니다.

83. 당신의 문제는 뭔가요? 저는 빚을 지고 있습니다.

84. 그는 어떤 상태인가요? 그는 술에 취해 있습니다.

85. 그는 언제 들어가나요? 그가 다음 차례입니다.

86. 당신은 왜 불에 숨을 불어 넣나요? 저는 불을 더 크게 키우려고 숨을 불어넣습니다.

87. 당신들은 어떻게 서게 되나요? 우리는 일렬로 섭니다.

88. 당신들은 어떻게 서나요? 우리는 여러 열을 지어 섭니다.

89. 당신은 어떤 줄에 있나요? 저는 첫 번째 줄에 있습니다.

90. 당신은 어떤 줄에 있나요? 저는 뒷줄에 있습니다.

91. 당신은 어떤 줄에 있나요? 저는 중간 줄에 있습니다.

92. 당신은 줄 어디에 있나요? 저는 줄의 중간에 있습니다.

93. 그는 어디에서 다이빙을 하나요? 그는 강에서 다이빙을 합니다.

94. 그는 어디로 점프를 하나요? 그는 강으로 뛰어듭니다.

95. 태평양에 뭐가 있나요? 태평양에 섬 하나가 있습니다.

96. 태양은 어디에서 뜨나요? 태양은 동쪽에서 뜹니다.

97. 태양은 어디로 지나요?   태양은 서쪽으로 집니다.

98. 꽃들은 어떤가요?   꽃들이 가득 피어 있습니다.

99. 뜨거운 날씨에는 장미에게 무슨 일이 생기나요?   장미는 뜨거운 날씨에 시듭니다.

100. 당신은 언제 나가나요?   우리는 비오는 중에 나갑니다.

101. 당신은 언제 나가나요?   우리는 눈오는 중에 나갑니다.

102. 그는 어둠 속에서 무엇을 하나요?   그는 어둠 속에서 편지를 쓰고 있습니다.

103. 당신은 무슨 일에 종사하나요?   저는 건축업에 종사하고 있습니다.

104. 빌딩 안에 누가 있나요?   저는 빌딩 안에 있습니다.

105. 당신은 무엇으로 박스를 싸나요?   저는 상자를 종이에 쌉니다.

106. 눈은 어떻게 쌓이나요?   눈이 수북이 쌓입니다.

107. 당신은 무엇을 파나요?   저는 채소를 판매합니다.

108. 당신은 언제 나에게 전화 할 거예요?   3시간이 경과하면 내가 전화할게요.

109. 오늘 날씨가 얼마나 춥죠?   오늘이 10년 중 가장 추운 날입니다.

110. 당신은 언제 떠날 거예요?   저는 일주일 있으면 떠날 것입니다.

111. 우리는 언제 만나게 될까요?   우리는 3개월 있으면 만날 것입니다.

112. 얼마나 많은 사람들이 그 시험에 통과 할까요?   5명 중에서 2명이 시험에 통과합니다.

113. 그는 어디에 부상을 당했나요?   그는 다리에 부상을 당했습니다.

114. 당신은 디자인을 어디에 조각해서 넣나요?   저는 나무에 디자인을 조각합니다.

115. 그는 얼마나 떨어져 있나요?   그는 내 시야 내에 있습니다.

116. 그는 얼마나 떨어져 있나요?   그는 내 시야 밖에 있습니다.

117. 그는 무슨 동아리에 들었나요?   그는 테니스 동아리에 가입했습니다.

118. 언제 차 사고를 당했나요?   저는 2년 전에 차 사고를 당했습니다.

119. 당신은 그를 언제 볼 거예요?   저는 2시간 있으면 그를 만날 것입니다.

120. 구름 사이에 무엇이 있나요?   산이 구름 사이로 (하늘 높이) 솟아 있습니다.

2. to

1. 그녀는 누구를 가리키나요? 그녀는 나를 가리킵니다.

2. 당신은 어디에 가나요? 저는 (예배하러) 교회에 갑니다.

3. 그녀는 어디에 가나요? 그녀는 잠자리에 듭니다.

4. 당신은 운전해서 어디로 가나요? 저는 운전해서 학교로 갑니다.

5. 그는 걸어서 어디로 가나요? 그는 모퉁이로 걸어갑니다.

6. 당신은 어디로 가나요? 저는 공항으로 갑니다.

7. 그는 어디로 보내졌나요? 그는 병원으로 보내집니다.

8. 그는 어디로 보내졌나요? 그는 감옥으로 보내집니다.

9. 그녀는 어디에서 당신에게 이야기했나요? 그녀는 길 위에서 나에게 이야기합니다.

10. 당신은 누구에게 말하나요? 저는 그녀에게 말합니다.

11. 사과 한 개가 어디로 떨어지나요? 사과 하나가 땅에 떨어집니다.

12. 어느 길이 병원으로 가는 길인가요? 이것은 병원으로 가는 길입니다.

13. 당신은 커서를 어디로 옮기나요? 저는 커서를 단어의 왼쪽으로 옮깁니다.

14. 이건 어떤 버스인가요? 이것은 학교로 가는 버스입니다.

15. 당신은 어디에서 산책을 하나요? 저는 숲까지 산책을 합니다.

16. 당신은 그곳에 걸어서 갈 수 있나요? 걸어가기에는 너무 멉니다.

17. 거기에 무슨 열차가 있나요? 거기에는 서울행 열차가 있습니다.

18. 당신은 어디로 가는 중인가요? 저는 학교로 가는 중입니다.

19. 당신은 어디로 가는 중인가요? 저는 서울로 가는 중입니다.

20. 이 편지는 누구 앞으로 주소가 되어 있나요? 그 편지는 소토리씨 앞으로 되어 있습니다.

21. 나무는 어디로 쓰러지나요? 그 나무는 땅으로 쓰러집니다.

22. 당신은 어떤 시간대에 일을 하나요? 저는 9시부터 5시까지 일합니다.

23. 당신은 어느 방향으로 가는 건가요?   저는 남쪽에서 북쪽으로 갑니다.

24. 당신은 언제부터 일을 하나요?   저는 해가 뜰 때부터 질 때까지 일합니다.

25. 당신은 언제부터 일을 하나요?   저는 월요일부터 금요일까지 일합니다.

26. 당신은 그녀를 어디로 안내하나요?   저는 현관부터 대문까지 그녀를 안내합니다.

27. 당신은 어디로 달리나요?   저는 여기서부터 저기까지 달립니다.

28. 벌 한 마리가 어디로 날아다니나요?   벌 한 마리가 이 꽃에서 저 꽃으로 날아다닙니다.

29. 신호등이 무슨 색으로 바뀌나요?   신호등이 빨간색에서 파란색으로 바뀝니다.

30. 일본은 한국에서 어디에 있나요?   일본은 한국의 동쪽에 있습니다.

31. 당신은 왜 달려가고 있어요?   저는 그녀를 구하기 위해 달려갑니다.

32. 그는 왜 오는 건가요?   그가 그녀를 도우려고 옵니다.

33. 당신은 어디로 도나요?   저는 오른쪽으로 돕니다.

34. 산은 어디에 있나요?   산이 북쪽으로 있습니다.

35. 당신은 어디에 사나요?   저는 북쪽으로 5마일 되는 지점에 삽니다.

36. 당신의 학교는 어디에 있나요?   우리 학교는 남쪽으로 몇 마일 되는 곳에 있습니다.

37. 당신은 어떻게 노인에게 존경심을 표하나요?   저는 한 노인에게 머리 숙여 인사를 합니다.

38. 당신은 어떻게 앉아 있나요?   저는 그녀에게 등을 돌리고 앉아 있습니다.

39. 당신은 어떻게 서 있나요?   저는 등을 북쪽으로 향한 채로 서 있습니다.

40. 당신은 손을 어디에 가져다 대나요?   저는 내 손을 그녀의 눈에 가져다 댑니다.

41. 당신은 어떻게 춤을 추나요?   우리는 등과 등을 맞대고 춤을 춥니다.

42. 당신은 어떻게 춤을 추나요?   우리는 뺨과 뺨을 맞대고 춤을 춥니다.

43. 당신은 로션을 어디에 바르나요?   저는 피부에 로션을 바릅니다.

44. 당신은 기름을 어디에 칠하나요?   저는 내 자전거에 기름칠을 합니다.

45. 당신은 게시판을 어디에 못질하나요?   저는 게시판을 문에 못질해 붙입니다.

46. 몇 시죠?   9시 5분 전입니다.

47. 점심시간까지는 시간이 얼마나 남았나요?   점심시간까지는 5분이 남았습니다.

48. 당신은 무엇을 하기 위해서 앉는 건가요?   저는 카드게임을 하기 위해서 자리에 앉습니다.

49. 당신은 무엇을 하기 위해서 앉는 건가요?   저는 저녁식사를 위해 자리에 앉습니다.

50. 당신은 어디에 앉나요?   저는 그녀 옆에 앉습니다.

51. 당신은 종이를 어떻게 찢나요?   저는 종이를 발기발기 찢습니다.

52. 그 돌은 어떻게 부서지나요?   그 돌은 조각조각 부서집니다.

53. 그는 어떻게 죽나요?   그는 얼어 죽습니다.

54. 그는 어떻게 죽나요?   그는 (불에) 타 죽습니다.

55. 그는 어떻게 죽나요?   그는 굶어 죽습니다.

56. 당신은 얼마나 추워요?   저는 뼛속까지 몹시 춥습니다.

57. 아기를 재우기 위해서 당신은 무엇을 하나요?   저는 노래를 불러 아기를 재웁니다.

58. 저 뚜껑은 뭐죠?   저것은 병의 뚜껑입니다.

59. 저 뚜껑은 뭐죠?   이것은 상자의 뚜껑입니다.

60. 그녀는 누구죠?   그녀는 신부의 어머니입니다.

61. 이 열쇠는 무슨 용도죠?   이것은 그 집의 열쇠입니다.

62. 당신은 그에게 어떤 위치인가요?   저는 그보다 우위에 있습니다.

63. 그들은 어떻게 행진하나요?   그들은 음악에 맞추어 행진을 합니다.

64. 당신은 어떻게 노래하나요?   저는 기타에 맞추어 노래를 합니다.

65. 당신은 어떻게 춤을 추나요?   저는 바이올린 소리에 맞추어서 춤을 춥니다.

66. 점수가 어떻게 되나요?   점수는 5대 0입니다.

67. 음악이 어때요?   그 음악은 내 취향입니다.

68. 당신은 얼마나 먹어요?   저는 배불리 먹습니다.

69. 당신은 어때요?   저는 속이 불편합니다.

70. 그는 무엇을 만드나요?   그는 주문을 받아 정장을 만듭니다.

71. 당신은 누구와 결혼하나요?   저는 그와 결혼합니다.

72. 그 도로는 뭐와 평행한가요?   그 도로는 기찻길과 평행하게 있습니다.

73. 당신들은 어떻게 서 있나요?   우리는 얼굴을 마주보고 서 있습니다.

74. 당신은 무엇을 하기로 약속하나요?   저는 매일 편지 쓰기로 약속합니다.

75. 당신이 뭐 좀 마시고 싶을 때
    뭐라고 말 하나요?   제게 마실 것 좀 주시겠어요?

76. 당신이 뭐 좀 먹고 싶을 때
    뭐라고 말 하나요?   제게 먹을 것을 좀 주시겠어요?

77. 무엇을 찾고 있나요?   저는 살 아파트를 찾고 있는 중입니다.

78. 당신이 뭐 좀 입어야 할 때
    뭐라고 말을 하나요?   나에게 입을 것 좀 줄래요?

79. 당신은 깬 뒤 무엇을 발견했나요?   저는 잠에서 깨어나 방안에 있는 강도를
    발견했습니다.

80. 누가 가장 먼저 오나요?   그가 제일 먼저 온 사람입니다.

81. 경찰이 호루라기로 무엇을 하나요?   그 경찰은 차를 세우기 위해 호루라기를 붑니다.

82. 당신은 왜 기쁜가요?   저는 그녀를 봐서 기쁩니다.

83. 당신은 왜 문을 미는 거죠?   저는 그 문을 닫으려고 밉니다.

84. 문이 어떻게 닫히나요?   문이 큰 소리를 내면서 닫힙니다.

85. 당신은 그 사람에게 무엇을 해 주나요?   저는 그 사람에게 인공호흡(심폐소생술)을 합니다.

86. 당신은 왜 창문을 잡아당기나요?   저는 그 창문을 닫으려고 잡아당깁니다.

87. 보트가 무엇을 하나요?   그 보트는 방향을 바꿉니다.

88. 달러의 가치는 얼마죠?   1파운드 당 1달러입니다.

89. 당신은 손을 어떻게 흔들어요?   저는 두 손을 앞뒤로 흔듭니다.

90. 그녀는 어디에서 당신을 안나요?   그녀는 뒤에서 나를 안아 앞뒤로 흔듭니다.

91. 그녀는 그에게 무엇을 하나요?   그녀는 그를 벽까지 밀어붙입니다.

3. on

1. 당신은 어디에 앉으세요?
2. 당신은 어디에 글을 쓰나요?
3. 당신은 무슨 공부를 하나요?
4. 책상 위에는 무엇이 있어요?
5. 문에는 무엇이 있어요?
6. 당신은 어디에 상자를 놨어요?
7. 당신은 어디에 짐 꾸러미를 놨어요?
8. 식탁보는 어디에 있나요?
9. 아기는 어디에 있나요?
10. 당신은 담요를 어디에 덮어 주나요?
11. 당신은 버터를 어디에 바르나요?
12. 당신은 버터를 어디에 바르나요?
13. 벽에는 뭐가 있나요?
14. 가게는 어디에 있어요?
15. 그는 어디에 흉터가 있나요?
16. 그는 무엇을 쓰고 있나요?
17. 그는 무엇을 하고 있나요?
18. 당신은 무엇을 복용하고 있나요?
19. 당신은 무엇을 주식으로 하나요?
20. 차는 어떻게 달리나요?
21. 그는 무엇을 입고 있나요?
22. 그는 누구에게 칼을 꺼내 들었나요?

저는 의자에 앉습니다.
저는 종이에 글을 씁니다.
저는 수학을 공부합니다.
책상 위에 책 한권이 있습니다.
문에 손잡이가 있습니다.
저는 탁자 위에 상자 하나를 놓습니다.
저는 짐 꾸러미를 탁자 위에 내려놓습니다.
식탁보가 탁자 위에 덮여 있습니다.
아기가 내 등에 업혀 있습니다.
저는 아기에게 이불을 덮어 줍니다.
저는 빵의 한쪽 면에 버터를 바릅니다.
저는 빵의 양쪽 면에 버터를 바릅니다.
벽에 그림 하나가 걸려 있습니다.
그 가게는 모퉁이에 있습니다.
그는 얼굴에 흉터가 있습니다.
그는 모자를 쓰고 있습니다.
그는 마약을 하고 있습니다.
저는 약을 복용하고 있습니다.
우리는 쌀을 주식으로 합니다.
차는 휘발유로 달립니다.
그는 아무것도 입고 있지 않습니다.
그는 나에게 칼을 꺼내 들었습니다.

23. 그는 왜 도망가는 중인가요?　　　　　그는 경찰로부터 도망가는 중입니다.

24. 그는 무엇을 하고 있나요?　　　　　　그는 이동 중입니다.

25. 그는 어디에 있나요?　　　　　　　　그는 휴가 중입니다.

26. 그는 무슨 의사인가요?　　　　　　　그는 호출에 대기하는 왕진 의사입니다.

27. 그는 무엇으로 곡을 연주하나요?　　　그는 피아노로 한 곡을 연주합니다.

28. 그는 무엇으로 곡을 연주하나요?　　　그는 기타로 한 곡을 연주합니다.

29. 당신은 무엇을 신나요?　　　　　　　저는 양말을 신습니다.

30. 당신은 무엇을 끼나요?　　　　　　　저는 장갑을 낍니다.

31. 당신은 무엇과 관련된 일을 하고 있나요?　저는 영어책을 쓰고 있습니다.

32. 당신은 얼마를 더하나요?　　　　　　저는 3을 더합니다.

33. 당신은 신발을 어떻게 사나요?　　　　저는 그 신발을 싸게 삽니다.

34. 당신은 책을 어떻게 사나요?　　　　　저는 책을 외상으로 삽니다.

35. 당신은 기도할 때 무엇을 하나요?　　　저는 무릎을 꿇습니다.

36. 당신은 어떻게 서나요?　　　　　　　저는 한 발로 섭니다.

37. 당신은 어떻게 걷나요?　　　　　　　저는 발끝으로 걷습니다.

38. 당신은 무엇에 손을 베나요?　　　　　저는 유리조각에 손을 벱니다.

39. 당신은 어떻게 가나요?　　　　　　　저는 걸어서 갑니다.

40. 당신은 무엇으로 가나요?　　　　　　저는 네 발로 (기어서) 갑니다.

41. 아기는 어떻게 기어가나요?　　　　　아기가 네 발로 기어갑니다.

42. 당신은 무엇으로 가나요?　　　　　　저는 버스를 타고 갑니다.

43. 당신은 무엇으로 가나요?　　　　　　저는 말을 타고 갑니다.

44. 어디로 가나요?　　　　　　　　　　저는 배를 탑니다.

45. 당신은 무엇으로 가나요?　　　　　　저는 자전거를 타고 갑니다.

46. 당신은 무엇을 타나요?　　　　　　　저는 버스를 탑니다.

47. 당신은 어디를 가는 중이죠?　　　　　저는 심부름을 가고 있습니다.

48. 당신은 월요일에 무엇을 할 거예요? 우리는 월요일에 영화를 보러 갑니다.

49. 당신은 언제 영화를 보나요? 우리는 월요일마다 영화를 봅니다.

50. 일요일에 당신은 무엇을 하나요? 저는 일요일에 교회에 갑니다.

51. 당신은 언제 교회를 가나요? 저는 일요일마다 교회에 갑니다.

52. 당신은 언제 학교에 가세요? 저는 3월 1일부터 학교에 갑니다.

53. 당신은 언제 도착하세요? 저는 3시 정각에 도착합니다.

54. 그녀는 몇 살인가요? 그녀는 대략 30살입니다. / 그녀는 30살입니다.

55. 몇 시인가요? 대략 9시입니다. / 정각 9시입니다.

56. 그게 언제였나요? 대략 3년 전입니다. / 정확히 3년 전입니다.

57. 계산서가 얼마나 나오나요? 계산서는 대략 200달러가 나옵니다.

58. 계산서가 얼마나 나오나요? 계산서는 정확히 200달러가 나옵니다.

59. 당신은 무엇으로 대학교를 다니나요? 저는 장학금을 받고 대학교를 다닙니다.

60. 당신은 어디에서 노래를 듣나요? 저는 라디오에서 노래를 듣습니다.

61. 당신은 어디에 매달리나요? 저는 트럭에 매달립니다.

62. 당신은 어디서 점심을 먹나요? 저는 기차에서 점심을 먹습니다.

63. 당신은 그가 어디에 가는 것을 돕나요? 저는 그가 승선하도록 돕습니다.

64. 당신은 누구를 불쌍히 여기나요? 저는 그녀를 불쌍하게 여깁니다.

65. 그 아이가 당신에게 무엇을 하나요? 그 아이는 나를 놀려댑니다.

66. 그 정장은 나에게 어떻게 보이나요? 그 정장은 당신에게 잘 어울립니다.

67. 당신은 무엇을 잡나요? 저는 그의 팔을 잡습니다.

68. 당신은 그 사람의 어디를 때리나요? 저는 그 사람의 머리를 때렸습니다.

69. 그녀는 그의 어디를 찰싹 때리나요? 저는 그 사람의 목을 찰싹 칩니다.

70. 그녀는 아이에게 무엇을 하나요? 그녀는 아이의 엉덩이를 때립니다.

71. 당신은 어디로 뛰나요? 저는 무대 위로 뛰어 올라갑니다.

72. 당신은 무엇으로 바지를 만드나요? 저는 재봉틀로 바지를 만듭니다.

73. 당신은 무엇을 당겨서 벗나요? 저는 오른손의 장갑을 당겨서 벗습니다.

74. 당신은 무엇을 대고 눕나요? 저는 위를 보고 눕습니다.(등을 대고 눕습니다.)

75. 당신은 무엇을 대고 눕나요? 저는 엎드려 눕습니다.(얼굴을 바닥에 대고 눕습니다.)

76. 당신은 무엇을 대고 눕나요? 저는 옆으로 눕습니다.(옆구리를 대고 눕습니다.)

77. 당신은 방울을 어디에 다나요? 저는 개에게 방울을 답니다.

78. 당신은 냄비를 어디에 놓나요? 저는 불 위에 냄비를 놓습니다.

79. 당신은 무엇을 입나요? 저는 반바지를 입습니다.

80. 당신은 모자를 어떻게 쓰나요? 저는 모자를 거꾸로 씁니다.

81. 어떤 사람이 거기에 있나요? 안경을 쓴 여자가 있습니다.

82. 당신은 어디에 앉나요? 저는 그녀의 왼쪽에 앉습니다.

83. 당신은 어디에 앉나요? 저는 그녀의 오른쪽에 앉습니다.

84. 당신은 무엇을 계속하나요? 저는 계속 달립니다.

85. 당신은 무엇을 계속하나요? 저는 계속 잡습니다.

86. 싸움은 어떻게 되고 있나요? 그 싸움은 계속됩니다.

87. 당신은 무엇의 스위치를 켜나요? 저는 전등의 스위치를 켭니다.

88. 당신은 무엇을 트나요? 저는 물(수돗물)을 틉니다.

89. 뭐가 켜져 있나요? 그 선풍기는 켜져 있습니다.

90. 뭐가 들어오나요? 가스가 들어옵니다.

91. 뭐가 상영 중인가요? 그 영화는 상영 중입니다.

92. 뭐가 켜져 있나요? 라디오가 켜져 있습니다.

93. 그림은 어디에 있나요? 그 그림은 전시중입니다.

94. 당신은 무엇으로 얘기하나요? 저는 전화로 이야기를 합니다.

95. 당신은 어떻게 공부를 하나요? 저는 배가 고픈 상태로 열심히 공부합니다.

96. 당신은 언제 나에게 전화할 거예요? 다음 주 금요일에 내가 전화할게요.

97. 당신은 언제 하루 쉴 거예요? 저는 제 생일에 하루 쉽니다.

98. 우리는 언제 소풍을 가죠? 우리는 6월 1일에 소풍을 갑니다.

99. 우리는 언제 파티를 하나요? 우리는 크리스마스에 파티를 합니다.

100. 당신은 무엇에 관한 노트 필기를 하나요? 저는 강의를 들으며 노트 필기를 합니다.

101. 그녀는 무엇을 가지고 있나요? 그녀는 나에 대한 몇 가지 정보를 가지고 있습니다.

102. 그녀는 당신에게 무엇을 하나요? 그녀는 내 앞에서 문을 쾅 닫아 버립니다.

103. 그녀는 당신에게 무엇을 하나요? 그녀는 나를 두고 가 버립니다.

104. 그녀는 당신에게 무엇을 하나요? 그녀는 내 전화를 일방적으로 끊어버립니다.

105. 전등에서 무슨 일이 일어나나요? 내가 있는 동안 전등이 나가버립니다.

106. 당신은 그녀에게 무엇을 하나요? 저는 그녀에게서 등을 돌립니다.

107. 그녀에게 무슨 일이 일어나나요? 그녀는 아기를 두고 죽습니다.

108. 당신은 어디에서 경기를 보나요? 저는 텔레비전으로 경기를 봅니다.

109. 당신은 손을 무엇으로 닦나요? 저는 수건으로 제 손을 닦습니다.

110. 그녀는 두 개의 반지를 어디에 끼고 있나요? 그녀는 두 개의 반지를 손가락에 끼고 있습니다.

111. 당신은 어디로 가는 중인가요? 저는 학교에 가는 중입니다.

112. 그 집은 어디에 있나요? 그 집은 그 도시의 외곽(변두리)에 위치해 있습니다.

113. 아이들은 어디서 놀고 있나요? 아이들이 거리에서 놀고 있습니다.

114. 그녀는 어디를 가나요? 그녀는 여행을 갑니다.

115. 그녀는 무엇을 하는 중인가요? 그녀는 다이어트 중입니다.

116. 그 군대는 어디로 전진하나요? 그 군대가 도시를 향해서 전진합니다.

117. 당신에게 무엇이 닥치나요? 그 폭풍이 나에게 닥쳐옵니다.

118. 그녀는 돈을 어떻게 쓰나요? 그녀는 책에 많은 돈을 씁니다.

119. 이 공은 어떻게 회전하나요? 그 공은 축을 중심으로 회전합니다.

120. 지구는 어떻게 자전하나요? 지구는 지축을 중심으로 자전합니다.

121. 뭐가 불타고 있어요?

그 집은 불타고 있습니다.

122. 다른 사람에게 점심을 사 주고 싶을 때 뭐라고 말하세요?

점심식사는 내가 삽니다.

123. 돈이 어디서 발견되었어요?

그 돈은 그 여자에게서 발견되었습니다.

124. 호텔이 어디에 있어요?

호수 주변에 호텔이 하나 있습니다.

125. 어디에 집(별장)이 있어요?

해변에 집 한 채(별장)가 있습니다.

126. 어디에 나무들이 있어요?

강 양쪽 편에 나무들이 있습니다.

127. 주유소는 어디에 있어요?

고속도로 옆에 주유소 한 곳이 있습니다.

128. 개는 어디에 있어요?

개는 사슬에 묶여 있습니다.

129. 양동이는 어디 있어요?

양동이는 줄에 묶여 있습니다.

130. 그 탁자는 다리가 몇 개죠?

그 탁자에는 3개의 다리가 있습니다.

131. 파리 두 마리가 어디에 있죠?

두 마리의 파리가 천장에 붙어 있습니다.

132. 메모가 어디에 있는 거죠?

여백에 메모가 있습니다.

133. 어떤 사람이 거기에 있나요?

거기에는 경비를 서는 한 사람이 있습니다.

134. 그들은 무엇을 하고 있나요?

그들은 지금 파업 중입니다.

135. 그 신문에는 무슨 기사가 있나요?

신문에 범죄에 대한 기사가 하나 있습니다.

136. 교통사고는 어떻나요?

교통사고가 증가하고 있습니다.

137. 교통사고는 어떻나요?

교통사고가 감소하고 있습니다.

4. out

1. 그는 어떤가요?

그는 술에 곤드레만드레 취합니다.

2. 그 차는 어떤가요?

이 차는 유행 중입니다. / 그 차는 유행이 지났습니다.

3. 당신은 왜 밖으로 나가나요? 　　　　그는 점심을 먹으로 나갑니다.

4. 당신은 어디로 걸어가나요? 　　　　저는 문밖으로 걸어 나갑니다.

5. 그는 어디로 달려 나가나요? 　　　　그는 문밖으로 달려 나갑니다.

6. 개구리가 어디에서 밖으로 뛰어나가나요? 　개구리 한 마리가 상자 밖으로 뛰어 나갑니다.

7. 무엇이 나오나요? 　　　　태양이 나옵니다(뜹니다).

8. 당신은 무엇에서 나오나요? 　　　　저는 잠자리에서 일어나 나옵니다.

9. 당신은 무엇에서 벌떡 일어나 나오나요? 　저는 잠자리에서 벌떡 일어나 나옵니다.

10. 그녀는 자전거를 타고 어디로 가나요? 　그녀는 자전거를 타고 도로로 나옵니다.

11. 그는 어디로 운전을 하나요? 　　　　그는 운전해서 나옵니다.

12. 당신은 어디로 운전을 하나요? 　　　저는 거리에 운전해서 나옵니다.

13. 그는 어디를 보나요? 　　　　그는 창밖을 내다봅니다.

14. 그는 어디에 사나요? 　　　　그는 도시 외곽지역에서 삽니다.

15. 그녀는 몰래 어디를 보나요? 　　　그녀는 밖을 몰래 내다봅니다.

16. 사람들이 들어오는 것이
    허락되지 않을 때 뭐라고 말하나요? 　접근금지. 들어가지 마시오.

17. 동전 몇 개가 어디에서 떨어지나요? 　동전 몇 개가 가방에서 떨어집니다.

18. 그는 무엇으로부터 몸을 기울이나요? 　그는 창문 밖으로 몸을 기울입니다.

19. 그는 무엇을 내뿜나요? 　　　　그는 담배연기를 밖으로 내뿜습니다.

20. 그녀는 맥주를 어떻게 마시나요? 　　그녀는 맥주를 병 채로 마십니다.

21. 이 동상은 뭐로 만들어져 있나요? 　　이 동상은 돌로 만들어져 있습니다.

22. 이 셔츠는 뭐로 만들어져 있나요? 　　이 셔츠는 면으로 만들어져 있습니다.

23. 그는 어디에서 내쫓기나요? 　　　그는 식당에서 내쫓깁니다.

24. 당신은 언제 학교에서 퇴학당했어요? 　저는 2003년에 학교에서 퇴학당했습니다.

25. 당신은 몇 개나 골랐나요? 　　　　저는 7개 중에서 3개를 고릅니다.

26. 당신은 왜 질문을 하나요? 　　　　저는 궁금해서 질문을 합니다.

27. 그녀는 당신에게 무엇을 물어보나요? | 그녀는 저녁을 먹자고 나를 불러냅니다.
28. 그는 어디로 가나요? | 그는 낚시를 하러 나갑니다.
29. 그는 무엇을 하러 나가나요? | 그는 술 한잔 하러 나갑니다.
30. 당신은 무엇을 꺼내나요? | 저는 공 하나를 밖으로 꺼냅니다.
31. 당신은 상자를 어디로 옮기나요? | 저는 상자를 저쪽으로 옮깁니다.
32. 당신은 누구를 선발하나요? | 저는 상을 줄 한 사람을 선발합니다.
33. 거기에는 뭐가 있나요? | 섬이 하나 있습니다. / 저쪽 먼 곳에 섬이 하나 있습니다.
34. 그녀는 어디에서 공부를 하나요? | 그녀는 일본에 나가서 공부합니다.
35. 그 배는 어디에 있나요? | 그 배는 바다에 나가 있습니다.
36. 그 배는 어디서 가라앉나요? | 그 배는 한국에서 20마일 떨어진 곳에서 가라앉습니다.
37. 전깃불에 무슨 일이 생기나요? | (전깃)불이 나갑니다.
38. 당신은 무엇을 끄나요? | 저는 불을 끕니다.
39. 당신은 무엇을 불어서 끄나요? | 저는 촛불을 불어서 끕니다.
40. 당신은 무엇을 비벼서 끄나요? | 저는 담뱃불을 비벼서 끕니다.
41. 당신은 극장에서 무엇을 보나요? | 저는 극장에서 연극을 처음부터 끝까지 다 봅니다.
42. 당신은 어때요? | 저는 매우 피곤합니다.
43. 그녀는 무엇을 페인트칠해서 지우나요? | 그녀는 그 글자들을 페인트칠해서 지웁니다.
44. 그녀는 거리를 어떻게 청소하나요? | 저는 거리를 말끔히 청소합니다.
45. 당신은 뭐가 다 떨어지나요? | 저는 돈이 다 떨어졌습니다.
46. 당신은 뭐가 다 떨어지나요? | 저는 우유가 다 떨어졌습니다.
47. 당신은 뭐가 다 떨어지나요? | 저는 담배가 다 떨어졌습니다.
48. 그는 4일 동안 무엇을 해 왔나요? | 그는 4일 동안 일을 하지 않았습니다.
49. 그 재킷은 상태가 어때요? | 그 재킷은 팔꿈치가 나갔습니다.

50. 그 바지는 상태가 어때요?   바지는 무릎이 나갔습니다.

51. 그녀는 왜 자리에 없어요?   그녀는 감기 때문에 자리에 없습니다.

52. 그의 머리 스타일은 어때요?   그의 머리 스타일은 유행에 뒤떨어졌습니다.

53. 장미들은 상태가 어때요?   장미가 활짝 피었습니다.

54. 그는 누구와 (관계를) 끝냈나요?   그는 그녀와 끝냈습니다.

55. 노동자들이 무엇을 하고 있어요?   노동자들이 파업을 합니다.

56. 그 선수는 무엇을 하게 되나요?   그 선수는 스트라이크 아웃됩니다.

57. 당신은 무엇을 골라내나요?   저는 빨간색 연필들을 골라냅니다.

58. 2루에서는 어떤 일이 일어나나요?   그는 2루에서 아웃됩니다.

59. 그 심판은 뭐라고 선언하나요?   심판은 그 공이 아웃이라고 선언합니다.

60. 그녀의 계산은 어떤가요?   그녀의 계산은 틀렸습니다.

61. 그의 옆차기는 어떤가요?   그의 옆차기는 엉터리입니다.

62. 당신의 시계 상태는 어때요?   내 시계는 10분이 느립니다.

63. 여기서 수영해도 괜찮나요?   수영은 안 됩니다.

64. 그녀에게 무슨 일이 일어나나요?   그녀는 의식을 잃습니다.

65. 나뭇가지에 무슨 일이 일어나나요?   그 나무의 가지들이 뻗어 나옵니다.

66. 몇 개의 작은 길이 그 길에서 갈라지나요?   그 도로는 3개의 작은 길로 갈라집니다.

67. 그녀는 무엇을 잡으려고 손을 뻗나요?   그녀는 손잡이를 잡으려고 손을 뻗습니다.

68. 그는 무엇을 향해 손을 뻗나요?   그는 창을 향해 손을 뻗습니다.

69. 그녀는 무엇을 하려고 손을 뻗나요?   그녀는 내 어깨를 잡기 위해 손을 뻗습니다.

70. 그는 무엇을 하려고 손을 뻗나요?   그는 과일을 잡기 위해서 손을 뻗습니다.

71. 당신은 어떻게 책을 읽나요?   저는 책을 소리를 내어 읽습니다.

72. 그녀는 어떻게 노래를 부르나요?   그녀는 소리를 내어 노래를 부릅니다.

73. 누군가의 목소리가 너무 낮을 때 뭐라고 말하세요?   (잘 들리도록) 좀 더 크게 말해 주세요.

74. 그녀는 무엇을 크게 부르나요? 그녀는 내 이름을 큰 소리로 부릅니다.

75. 당신은 왜 소리를 지르세요? 저는 그 개에게 큰 소리로 멈추라고 합니다.

76. 이건 무슨 사이즈죠? 이것은 중간 크기입니다.
/ 이것은 특대형(extra large)입니다.

77. 그 말은 상태가 어때요? 그 말은 숨이 가쁩니다.

5. up

1. 태양은 어디에 있나요? 태양이 떠 있습니다.

2. 깃발은 어디에 있나요? 깃발이 올라가 있습니다.

3. 블라인드가 어떤 상태로 있나요? 한 블라인드는 올라가 있습니다.

4. 당신은 어디에 있나요? 저는 나무 위에 올라가 있습니다.

5. 당신의 사무실은 어디에 있어요? 내 사무실은 꼭대기 층에 있습니다.

6. 새 한 마리는 하늘 어디에 있나요? 새 한 마리가 하늘 높이 있습니다.

7. 새 한 마리가 어디로 날아가나요? 새 한 마리가 하늘로 날아오릅니다.

8. 강도가 뭐라고 말하나요? 손들어!

9. 당신은 손을 어디에 두나요? 저는 손을 들어 올립니다.

10. 당신의 이름은 목록 어디에 있나요? 내 이름은 목록 위쪽에 있습니다.

11. 연이 어디에 있나요? 연은 하늘 높이 있습니다.

12. 비가 어디에 오고 있나요? 산 위에는 비가 오고 있습니다.

13. 당신은 어떻게 서나요? 저는 일어나서 섭니다.

14. 당신은 어디에서 일어서나요? 저는 의자에서 일어섭니다.

15. 당신은 어디에서 벌떡 일어서나요? 저는 의자에서 벌떡 일어섭니다.

16. 당신은 침대에서 무엇을 하나요?   저는 침대에서 몸을 일으켜 앉습니다.

17. 당신은 밤새 무엇을 하나요?   저는 밤새 자지 않고 지새웁니다.

18. 당신은 무엇을 기어오르나요?   저는 사다리를 기어올라갑니다.

19. 당신은 어디로 걸어가나요?   저는 언덕을 걸어서 올라갑니다.

20. 당신은 어디로 올라가나요?   저는 계단을 올라갑니다.

21. 당신은 어디를 보나요?   나는 위를 올려다봅니다.

22. 당신은 그녀가 어디로
    걸어가는 것을 보나요?   저는 그녀가 오르락내리락하는 것을 봅니다.

23. 이건 무슨 에스컬레이터인가요?   이것은 올라가는 에스컬레이터입니다.
    / 저것은 내려가는 에스컬레이터입니다.

24. 그들은 어디로 가고 있는 중인가요?   그들은 골목을 따라서 올라가고 있습니다.

25. 당신은 무엇을 걸어 올라가고 있나요?   저는 도시로 가는 언덕을 걸어 올라가고 있습니다.

26. 당신은 어디로 운전해서 올라가고 있나요?   저는 부산에서 서울로 운전해 올라갑니다.

27. 그 물고기는 어디로 헤엄치나요?   물고기가 위로 헤엄쳐 올라갑니다.

28. 그 잠수함은 어디로 올라가나요?   잠수함이 물의 표면으로 올라갑니다.

29. 당신은 어디로 기어 올라가나요?   저는 집 꼭대기로 기어 올라갑니다.

30. 그 케이블카는 어디로 가나요?   그 케이블카는 산꼭대기로 올라갑니다.

31. 당신은 산 어디쯤에 있나요?   저는 산 중턱에 있습니다.

32. 쌀은 어떤 상태인가요?   쌀이 (땅을 뚫고) 나오고 있습니다.

33. 식물들은 언제 올라오나요?   식물들은 봄에 올라옵니다.

34. 당신이 나이가 들면 어떻게 되나요?   저는 성장합니다.

35. 태양이 어디서 올라오나요?   태양이 지평선 위로 올라옵니다.

36. 온도가 어떻게 되나요?   온도가 올라가고 있습니다.

37. 그녀는 어떤 상태인가요?   그녀는 화가 나 있습니다.

38. 원유의 가격이 어떤가요?   원유의 가격이 올라가고 있습니다.

39. 당신은 언제 공을 치나요?   저는 튀어 오르는 공을 칩니다.

40. 당신은 무엇을 하나요?   저는 잠에서 깹니다.

41. 당신은 누구를 깨우나요?   저는 여동생(언니/누이)을 잠에서 깨웁니다.

42. 당신은 강에서 무엇을 하나요?   저는 강을 거슬러 올라갑니다.

43. 당신은 강에서 무엇을 하나요?   저는 노를 저어서 강을 거슬러 올라갑니다.

44. 그의 지위는 어떻게 되었나요?   그는 지위가 올라갑니다.

45. 그는 회사에서 어떻게 되었나요?   저는 회사에서 승진합니다.

46. 당신은 곧바로 어디까지 가세요?   저는 문까지 곧바로 갑니다.

47. 당신은 무엇의 시동을 거나요?   저는 엔진에 시동을 겁니다.

48. 당신은 무엇의 볼륨의 올리나요?   저는 라디오의 볼륨을 올립니다.
    (당신은 무엇의 볼륨의 내리나요?)

49. 그녀는 누구를 키우나요?   그녀는 아이를 키웁니다.

50. 당신은 무엇으로 자신을 감싸나요?   저는 코트로 내 몸을 감쌉니다.

51. 당신은 겨울을 대비해서 무엇을 저장하나요?   저는 겨울을 대비해서 음식을 저장합니다.

52. 경찰이 누구를 발견하나요?   경찰이 잃어버린 아이를 발견합니다.

53. 당신은 바지를 가지고 무엇을 하나요?   저는 바지를 덧대서 꿰맵니다.

54. 당신은 무엇을 접나요?   저는 편지를 접습니다.

55. 얼마의 시간이 남았죠?   시간이 다 되었습니다.

56. 당신은 얼마나 마시나요?   저는 다 마십니다.

57. 당신은 얼마나 먹나요?   저는 다 먹습니다.

58. 당신은 무엇을 하나요?   저는 짐을 꾸립니다.

59. 당신은 무엇을 막나요?   저는 구멍을 꽉 막습니다.

60. 당신은 문에 무엇을 하나요?   저는 문을 판자로 완전히 막습니다.

61. 당신은 무엇에 못을 박나요?   저는 벽에 못을 박습니다.

62. 당신은 상자를 어떻게 싸나요?   저는 상자를 다 쌉니다.

63. 불은 어떤 상태인가요?   불이 활활 타오르고 있습니다.

64. 당신은 무엇을 청소하나요?   저는 방을 깔끔히 청소합니다.

65. 시냇물은 어떤 상태인가요?   시냇물이 바싹 말랐습니다.

66. 그 집은 어떤 상태인가요?   집이 홀라당 다 타 버립니다.

67. 당신은 불에 무엇을 하나요?   저는 불에 입김을 불어서 크게 키웁니다.

68. 당신은 책상에 무엇을 하나요?   저는 책상을 완전히 부숩니다.

69. 당신은 종이에 무엇을 하나요?   저는 종이를 완전히 찢습니다.

70. 당신은 낙엽을 가지고 무엇을 하나요?   저는 낙엽들을 모아서 쌓습니다.

71. 당신은 무엇을 모으나요?   저는 떨어진 사과를 한데 모읍니다.

72. 눈은 어떤 상태인가요?   눈이 쌓였습니다.

73. 당신은 무엇을 파헤치나요?   저는 땅을 파헤칩니다.

74. 폭탄이 어떻게 되나요?   폭탄이 터집니다.

75. 당신은 무엇을 세우나요?   저는 차를 세웁니다.

76. 당신은 어떻게 눕나요?   저는 위를 보고 눕습니다.

77. 그 차는 어떤 상태인가요?   그 차가 뒤집혀 있습니다.

78. 점수는 어떤 상태인가요?   점수가 5대 5로 동점입니다.

79. 그는 누구에게 다가오나요?   그가 나에게로 다가옵니다.

80. 당신은 어디로 걸어가나요?   저는 벽으로 다가갑니다.

81. 당신은 무엇을 들어 올리나요?   저는 머리를 위로 들어 올립니다.

82. 그녀는 무엇을 뽑아 당기나요?   그녀는 잡초를 뽑아 당깁니다.

83. 당신은 무엇을 위로 올리나요?   저는 깃발을 위로 올립니다.

84. 당신은 무엇을 들어 올리나요?   저는 박스를 들어 올립니다.

85. 당신은 양말로 무엇을 하나요?   저는 양말을 당겨서 신습니다.

86. 당신은 그에게 무엇을 안내하나요?   저는 그에게 올라가는 길을 안내합니다.

87. 당신은 무엇을 토하나요?   저는 음식을 토합니다.

88. 당신은 무엇을 세우나요?   저는 집을 세웁니다.

89. 당신은 무엇을 드나요?   저는 수화기를 듭니다.

90. 당신은 그 박스를 어디에 올려놓나요?   저는 박스를 선반 위에 올려놓습니다.

91. 그는 어디에 있나요?   그는 우리 집으로 다가오고 있습니다.

92. 하는 일은 잘되요?   저는 잘나가고 있습니다.

93. 조수는 어떤 상태인가요?   조수는 밀물입니다.

94. 강은 어떤 상태인가요?   강물이 불어서 높아집니다.

95. 그는 어떻게 말을 하나요?   그는 소리를 높여 말합니다.

96. 당신은 타이어로 뭐를 하나요?   저는 타이어에 공기를 넣습니다.

97. 그녀는 수학에 어떤가요?   그녀는 수학에 능통합니다.

98. 당신은 몇까지 세나요?   저는 10까지 셉니다.

99. 온도는 어떤가요?   온도가 10도 올라갑니다.

100. 물은 어디에 있나요?   물이 내 무릎까지 올라옵니다.

101. 그녀는 어디에 있나요?   그녀는 감기 때문에 누워 있습니다.

102. 도로의 상태는 어떤가요?   도로가 파헤쳐져 있습니다.

103. 당신은 어디에 있나요?   저는 시내의 상류에 있습니다.

104. 당신은 무엇을 위해 돈을 저축하나요?   저는 책을 사기 위해서 돈을 저축합니다.

6. before

1. 차 한 대가 어디 있죠?   그녀 앞에 차 한 대가 있습니다.

2. 당신은 언제 방향을 바꾸나요?   저는 은행에 도달하기 전에 오른쪽으로 방향을 바꿉니다.

3. 그녀는 자신의 개를 찾기 위해서 무엇을 하나요?

그녀는 개를 찾기 위해 계속 앞으로 갑니다.

4. 약속은 언제죠?(언제까지 거기에 가야 해요? 언제 시간이 돼요?)

10시까지입니다. / 10시 전까지입니다. / 10시 이후에 됩니다.

5. 몇 시죠?

2시 10분 전입니다.

6. 언제까지 여기에 머물 거예요?

5월 11일 이전까지입니다. / 5월 11일까지입니다.

7. 당신은 그녀를 언제 봤어요?

저는 2주 전에 그녀를 봤습니다.

8. 당신의 생일은 언제였어요? (당신의 생일은 언제예요?)

그저께(어제의 전날)였습니다. / 모레(내일의 다음날)입니다.

9. 그녀는 언제 와요?

그녀는 점심시간 전에 옵니다.

10. 그녀는 언제 금메달을 땄어요?

그녀는 재작년에 금메달을 땄습니다.

11. 그녀는 어디에서 걸어요?

그녀는 그의 앞에서 걷습니다.

12. 그녀는 누구 앞에 출두하나요?

그녀는 판사 앞에 출두합니다.

13. 그는 누구 앞에 나타나나요?

그는 청중들 앞에 나타납니다.

14. 그의 이름이 리스트 어느 곳에 있나요?

리스트에서 그의 이름은 그녀 이름 앞에 있습니다.

15. 그는 언제 도착하죠?

그는 그녀보다 먼저 도착합니다.

16. 그녀는 누구 앞에서 연설을 하나요?

그녀는 청중 앞에서 연설을 합니다.

17. 그녀의 영어는 어떤가요?

그녀는 다른 모든 학생들보다 영어에서 앞서 있습니다.

18. 당신은 건강의 비중을 어느 정도로 두나요?

저는 재산보다 건강을 중시합니다.

19. 그녀는 언제 자신의 신발을 깨끗이 닦나요?

그녀는 밖으로 나가기 전에 신발을 깨끗이 닦습니다.

7. from

1. 그는 어디에서 일어나나요?	그는 의자에서 일어납니다.
2. 나비 한 마리가 어디로 가나요?	나비 한 마리가 이 꽃에서 저 꽃으로 옮겨 다닙니다.
3. 당신은 그녀를 어떻게 보나요?	저는 그녀를 머리에서 발끝까지 봅니다.
4. 당신은 어디서 비행기를 타고 오는 건가요?	저는 서울에서 도쿄까지 비행기를 타고 갑니다.
5. 당신은 무엇부터 세나요?	저는 1부터 5까지 셉니다.
6. 당신은 얼마나 오래 일하나요?	저는 아침부터 밤까지 일합니다.
7. 당신은 대학을 언제 졸업했어요?	저는 2003년에 대학을 졸업했습니다.
8. 나뭇잎들이 어떻게 변하죠?	나뭇잎은 녹색에서 갈색으로 변합니다.
9. 가격이 얼마나 되나요?	가격은 2,000원에서 5,000원까지 있습니다.
10. 기차는 어디로 달리고 있어요?	기차가 대구에서 북쪽으로 달리고 있습니다.
11. 그는 어디로 뛰어 내리나요?	그는 절벽에서 뛰어 내립니다.
12. 나무에서 뭐가 떨어지나요?	사과들이 나무에서 떨어집니다.
13. 천정에 뭐가 매달려 있나요?	천정에 2개의 샹들리에가 매달려 있습니다.
14. 연기는 어디에서 올라오나요?	연기가 굴뚝에서 올라가고 있습니다.
15. 그녀는 누구와 헤어지나요?	그녀는 친구와 헤어집니다.
16. 당신은 무엇을 집어 드나요?	저는 바닥에서 책 한 권을 집어 듭니다.
17. 당신은 어디에서 내려오나요?	저는 무대에서 내려옵니다.
18. 그는 어디에 있나요?	그는 집에서 멀리 떨어져 있습니다.
19. 당신은 그녀를 어디서 만나나요?	저는 학교에서 집으로 가는 도중에 그녀를 만납니다.
20. 당신의 집은 어디에 있어요?	우리 집은 여기서부터 5블록 떨어진 곳에 있습니다.
21. 그 집은 여기서부터 어디에 있어요?	그 집은 여기에서 멀리 떨어져 있습니다.
22. 그 강도가 뭐를 훔쳐요?	강도가 소녀에게서 가방을 훔칩니다.

23. 당신은 7에서 몇 개를 가지고 가죠?   저는 7개에서 3개를 가져갑니다.

24. 당신은 무엇을 꺼내나요?   저는 주머니에서 내 지갑을 꺼냅니다.

25. 당신은 누구에게 편지를 받나요?   저는 부모님에게 편지를 받습니다.

26. 당신은 무엇 때문에 고생을 하나요?   저는 감기로 고생합니다.

27. 당신은 왜 정신을 잃나요?   저는 배가 고파서 정신을 잃습니다.

28. 그는 어떻게 죽나요?   그는 굶주림으로 인해 죽습니다.

29. 당신은 왜 아파요?   저는 과로 때문에 아픕니다.

30. 당신은 무엇에서 회복하죠?   저는 병에서 회복합니다.

31. 당신은 무슨 그림을 그리죠?   저는 정물화를 그립니다.

32. 치즈는 무엇으로 만들어지죠?   치즈는 우유로 만들어집니다.

33. 당신은 포도주를 어떻게 만들어요?   저는 포도로 포도주를 만듭니다.

34. 빵은 무엇으로 만들어지죠?   빵은 밀로 만들어집니다.

35. 그녀는 어디에서 말을 하는 거죠?   그녀는 문 뒤에서 말을 합니다.

36. 고양이 한 마리가 어디에서 나오는 거죠?   고양이 한 마리가 탁자 아래에서 나옵니다.

37. 당신은 무엇을 꺼내나요?   저는 침대 밑에서 상자 하나를 꺼냅니다.

8. about

1. 당신은 누구에 대해서 이야기하나요?   저는 그녀에 대해서 이야기합니다.

2. 당신은 누구에 대해서 이야기하나요?   저는 제 가족에 대해서 이야기합니다.

3. 당신은 무엇에 관해서 강의를 하나요?   저는 영어에 대한 강의를 합니다.

4. 이 책은 무엇에 관한 책이죠?   이것은 스키에 대한 책입니다.

5. 거기에는 무슨 책이 있나요?   거기에는 동물에 관한 책이 있습니다.

6. 당신은 무엇에 대해서 글을 쓰고 있나요?   저는 동물에 관한 글을 쓰고 있습니다.

7. 누군가 기분이 좋아 보이면
   당신은 뭐라고 물어보나요?   당신은 왜 기분이 좋아요?

8. 그녀는 얼마나 커요?   그녀는 대략 제 사이즈입니다.(키나 신체적인·조건)

9. 그녀는 나이가 얼마나 돼요?   그녀는 거의 제 또래입니다.

10. 몇 시죠?   정오(낮 12시)쯤입니다. / 정오입니다.

11. 몇 시죠?   거의 점심시간쯤입니다.

12. 몇 시죠?   대략 3시쯤입니다. / 3시입니다.

13. 얼마나 되나요?   대략 20달러입니다. / 20달러입니다.

14. 그 바위는 무게가 얼마나 되나요?   그 바위는 거의 100파운드 정도 나갑니다.

15. 사람들이 어디에 서 있나요?   사람들이 탁자 주위를 둘러서 있습니다.

16. 사람들이 어디에 있어요?   그녀 주위에 사람들이 있습니다.

17. 울타리가 어디에 있어요?   울타리는 그녀의 집을 둘러싸고 있습니다.

18. 당신은 어디를 보나요?   저는 주위를 둘러봅니다.

19. 저는 어디를 보죠?   네 주위를 둘러 봐!

20. 당신은 어디를 보나요?   저는 방 주위를 둘러봅니다.

21. 당신은 어디를 여기저기 걸어 다니나요?   저는 시내 여기저기를 걸어 다닙니다.

22. 당신은 어디에 종이를 흩어 놓나요?   저는 종이를 방의 여기저기에 흩어 놓습니다.

23. 거기에는 몇 개의 오아시스가 있나요?   그 사막에는 3개의 오아시스가 흩어져 있습니다.

24. 버스가 출발하나요?   그 버스는 막 출발하려 하고 있습니다.
                           / 그 버스는 떠납니다.

25. 그는 무엇을 하고 있나요?   그는 막 달리려고 하는 참입니다.
                           / 그는 달려가고 있는 중입니다.

26. 독감은 어떤 상태인가요?   독감이 유행하고 있습니다.

27. 당신은 어디를 돌아다니나요?   저는 세계를 돌아다닙니다.

28. 그 아기는 자기 장난감을 어디로 던지나요?   아기가 장난감을 여기저기로 던집니다.

29. 당신은 여기저기 무엇을 찾아다니나요? 저는 잃어버린 자전거를 여기저기 찾아다닙니다.

30. 그 아이들은 어디를 뛰어다니나요? 아이들이 마당 여기저기를 뛰어다닙니다.

31. 그녀는 숄을 어디에 두르고 있나요? 그녀는 어깨에 숄을 두르고 있습니다.

32. 다른 사람이 당신을 돌아보도록 하려면 뒤로 돌아!
    뭐라고 해야 하나요?
    (군대에서 제식훈련 시 사용)

33. 두 사람이 서로 마주 보도록 뒤로 돌아!
    하기 위해서는 뭐라고 해야 하나요?
    (군대에서 제식훈련 시 사용)

34. 그는 그 보트에 무엇을 하나요? 그는 보트의 방향을 돌립니다.

35. 어떤 사람이 이상하게 행동하면 너는 무엇을 하고 있니?
    뭐라고 물어 보나요?

9. against

1. 바람이 무엇을 거슬러 불고 있나요? 바람이 나를 거슬러 불고 있습니다.

2. 당신은 어떻게 걸어가나요? 저는 바람을 거슬러 걸어갑니다.

3. 당신은 어떻게 수영을 하나요? 저는 물의 흐름을 거슬러 수영합니다.

4. 당신은 누구를 대항해서 싸우나요? 저는 그 사람에게 대항해서 싸웁니다.

5. 당신은 누구를 대항해서 싸우나요? 저는 강도에 대항해서 싸웁니다.

6. 당신은 왜 코트를 입나요? 저는 추위를 대비해서 코트를 입습니다.

7. 당신은 어디에 기대나요? 저는 문에 기댑니다.

8. 당신은 어디에 기대나요? 저는 그녀의 어깨에 기댑니다.

9. 당신은 어떻게 앉나요? 저는 나무에 기대어서 앉습니다.

10. 당신은 막대기를 어디에 놓나요? 저는 막대기를 벽에 기대어 놓습니다.

11. 당신은 나무에 어떻게 서 있나요? 저는 나무에 등을 대고 섭니다.

12. 당신은 귀를 어디에 대나요? 저는 문에 귀를 댑니다.

13. 당신은 볼을 어디에 대나요? 저는 창문에 내 볼을 밀어서 댑니다.

14. 당신은 무엇을 밀고 있나요? 저는 나무를 밀고 있습니다.

15. 당신은 자전거를 어디에 두나요? 저는 자전거를 벽에 기대어 둡니다.

16. 파도는 무엇에 부딪히나요? 파도가 바위에 부딪힙니다.

17. 당신은 무엇을 향해서 달려가나요? 저는 문을 향해 달려가 부딪칩니다.

18. 당신은 누구와 부딪치나요? 저는 그녀와 부딪칩니다.

19. 개 한 마리가 무엇에 머리를 부딪치나요? 개 한 마리가 벽에 머리를 부딪칩니다.

20. 보트가 무엇에 부딪치나요? 보트가 바위에 부딪칩니다.

21. 당신의 차가 무엇에 충돌하나요? 내 차가 나무에 충돌합니다.

22. 그는 무엇에 반대해서 목소리를 높이나요? 그는 내 아이디어에 목소리를 높여서 반대합니다.

23. 그는 무엇에 반해서 반대를 외치나요? 그는 그녀의 제안에 반해서 반대를 외칩니다.

24. 당신은 도로를 어떻게 건너나요? 저는 교통신호를 어기고 도로를 건너갑니다.

25. 거기에는 무엇에 관한 규정이 있나요? 거기에는 금연에 관한 법이 있습니다.

26. 서랍장이 어디에 있나요? 벽 쪽에 (등을 지고 있는) 서랍장이 있습니다.

27. 파란 하늘을 배경으로 무엇이 있나요? 파란 하늘을 배경으로 나무 한 그루가 있습니다.

28. 당신은 무엇을 향해 침을 뱉나요? 저는 하늘을 향해 침을 뱉습니다.

29. 당신의 사진은 어떻게 찍나요? 저는 지는 해를 배경으로 내 사진을 찍습니다.

30. 당신은 은퇴를 대비해서 뭐를 하나요? 저는 은퇴를 대비해서 저축을 합니다.

31. 당신은 어떤 사람을 고발하나요? 저는 그 사람을 고발합니다.

32. 점수가 어떻게 돼요? 점수는 7대 3으로 지고 있습니다.

10. after

1. 당신은 언제 나가나요?

저는 어두워진 뒤에 밖으로 나갑니다.

2. 당신은 언제 집으로 갈 거예요?

저는 2시간 후에 집에 갈 것입니다.

3. 당신은 얼마나 자주 낚시하러 가세요?

저는 매일 낚시하러 갑니다.

4. 당신은 얼마나 자주 해외에 나가세요?

저는 매년 외국에 나갑니다.

5. 당신은 그녀에게 지각하지 말라고 얼마나 자주 말하나요?

저는 그녀에게 매번 지각하지 말라고 말합니다.

6. 당신의 생일은 언제죠?

내일 모레가 제 생일입니다.

7. 당신의 생일은 언제였죠?

그저께가 제 생일이었습니다.

8. 우리 언제 만날까요?

다다음 주에 만나도록 합시다.

9. 아이들이 언제 전쟁놀이를 하고 있나요?

아이들은 점심식사 후에 전쟁놀이를 하고 있습니다.

10. 몇 시인가요?

오전 9시 10분입니다.

11. 누가 그 다음으로 키가 큰가요?

저는 Sotori 다음으로 키가 가장 큽니다.

12. 당신의 이름이 목록 어디에 있나요?

목록에서 내 이름은 그의 이름 뒤에 있습니다.

13. 당신은 5를 어디에 놓나요?

저는 4 다음에 5를 놓습니다.

14. 그들은 어떻게 돌을 던지나요?

그들은 번갈아 가면서 돌을 던지고 있습니다. (두 사람인 경우)

15. 그들은 어떻게 돌을 던지나요?

그들은 돌을 연속해 번갈아 가며 던지고 있습니다. (3사람 이상일 경우)

16. 무엇이 당신을 지나가나요?

차들이 줄지어서 내 옆을 지나가고 있습니다.

17. 오리들이 어떻게 걸어가고 있나요?

오리들이 차례로 줄을 지어서 걸어가고 있습니다.

18. 당신은 언제 피곤하나요?

저는 오래 걸으면 피곤합니다.

19. 그 집은 언제 무너지나요?

폭풍이 지난 후에 그 집은 무너집니다.

20. 제가 어디로 가나요?

내 뒤를 따라와요!

21. 당신은 언제 문을 닫나요?   저는 그녀가 나간 뒤에 문을 닫습니다.

22. 당신은 언제 일어나나요?   얼마 후에 저는 일어납니다.

23. 다른 사람을 먼저 하라고 할 때   먼저 하세요.(가세요, 타세요)
    당신은 뭐라고 말하나요?

24. 어떤 사람을 찾는 거 도와 줄 수 있어요?   누구를 찾고 있어요?

25. 그녀는 누구 뒤에서 큰 소리로 부르나요?   그녀는 그의 뒤에서 큰 소리로 부릅니다.

26. 당신은 어떤 상태로 그를 뒤쫓아 달리나요?   저는 공을 가지고 그를 뒤쫓아 달립니다.

27. 그 경찰은 누구를 뒤쫓아 달리고 있나요?   그 경찰은 도둑을 뒤쫓아 달리고 있습니다.

28. 당신은 방을 언제 청소하나요?   저는 아이들이 간 후에 그 방을 깨끗이 청소합니다.

29. 그녀는 어떤 가수인가요?   그녀는 내가 좋아하는 가수입니다.

30. 당신의 이름은 누구의 이름을 땄어요?   저는 할아버지의 이름을 따서 Scott로 이름이 지어졌습니다.

31. 디저트로 무엇을 원하는지   후식으로는 무엇을 하시겠어요?
    당신은 어떻게 물어보나요?

32. 그는 언제 낚시를 즐기나요?   그는 노년에 낚시를 즐깁니다.

33. 그녀는 무엇을 묻나요?   그녀는 그의 부모님의 안부를 묻습니다.

11. within

1. 당신은 어디를 가나요?   저는 방으로 들어갑니다.

2. 비명소리가 어디에서 들려오는 건가요?   비명소리가 방 안에서 들려옵니다.

3. 당신은 차를 어디에 주차하나요?   저는 울타리 안에 차를 주차합니다.

4. 공주는 어디에 있나요?   그 공주는 성 안에 있습니다.

5. 온도는 어떻나요?   밖은 춥지만 집 안은 따뜻합니다.

6. 문은 어디에서 열리나요?

문은 안쪽에서 열립니다.

7. 그 상자는 무슨 색이죠?

그 상자는 안은 노랗고 밖은 파랗습니다.

8. 당신은 뭐를 보나요?

저는 몸 내부를 (꿰뚫어) 봅니다.

9. 그 학교는 얼마나 멀어요?

그 학교는 우리 집에서 2마일 이내에 있습니다.

10. 그는 언제 여기에 오나요?

그는 10분 안에 여기에 올 것입니다.

11. 그녀는 얼마나 가까이 있나요?

그녀는 소리가 들리는 거리에 있습니다.
/ 그녀는 소리가 들리지 않는 거리에 있습니다.

12. 그는 얼마나 가까이 있나요?

그는 닿는(가까운) 범위에 있습니다.
/ 그는 닿지 않는 곳에 있습니다.